互动式教养

读懂孩子心理，聪明父母这样教

余宣霖 林艳/著

北京日报出版社

图书在版编目（CIP）数据

互动式教养：读懂孩子心理，聪明父母这样教 / 余宣霖，林艳著. -- 北京：北京日报出版社，2025.7.
ISBN 978-7-5477-4939-5

Ⅰ．G78

中国国家版本馆CIP数据核字第2025RP2421号

互动式教养：读懂孩子心理，聪明父母这样教

出版发行：北京日报出版社
地　　址：北京市东城区东单三条 8—16 号东方广场东配楼四层
邮　　编：100005
电　　话：发行部：（010）65255876
　　　　　总编室：（010）65252135
印　　刷：香河县宏润印刷有限公司
经　　销：各地新华书店
版　　次：2025 年 7 月第 1 版
　　　　　2025 年 7 月第 1 次印刷
开　　本：710 毫米 × 1000 毫米　1/16
印　　张：13.75
字　　数：155 千字
定　　价：68.00 元

版权所有，侵权必究，未经许可，不得转载

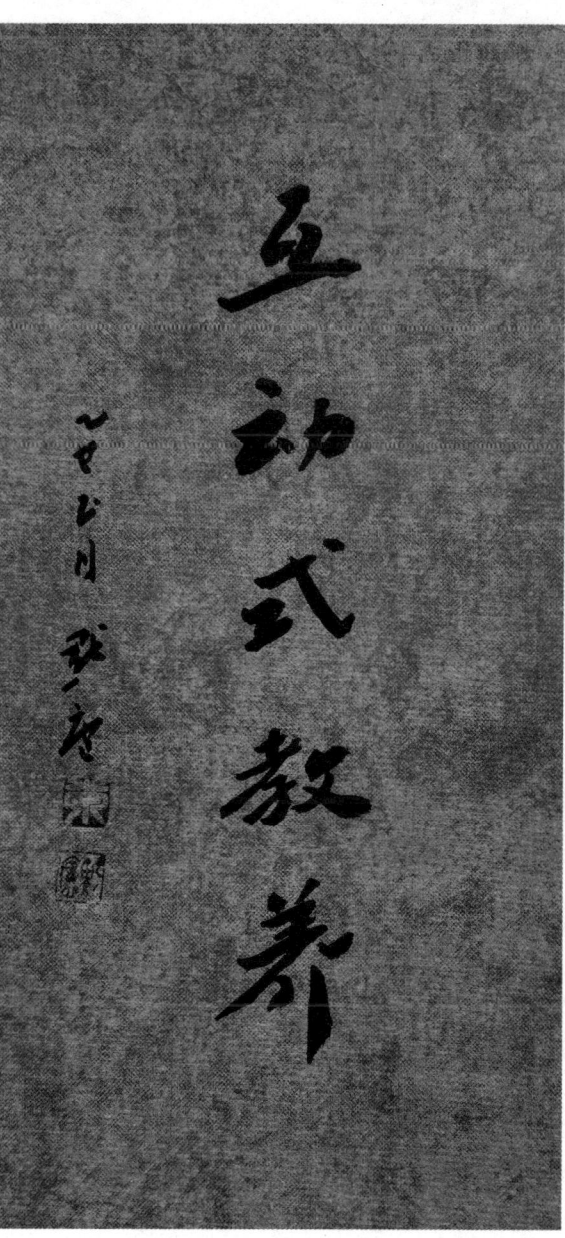

让互动式教育成为社会滋养

作者之一的宣霖是企业管理实践方面的专家,近些年来,她根据自身在家庭教育上遇到的问题,逐步成长为互动式教育的实践者、倡导者,并将这些实践经验系统梳理、打磨,著成《互动式教养:读懂孩子心理,聪明父母这样教》。宣霖索序于我,通览全书,我觉得这是一本融合青少年心理发展与家庭教育智慧的实战指南,对当下的家庭教育、学校教育,乃至社会教育具有多维度的启发作用。

我个人觉得,互动式教育不仅仅把人当作教育对象,而且把人当作完整的人进行有效且深入的沟通,从而获得双方共同成长的教育成果。《礼记·学记》里讲:"学然后知不足,教然后知困。知不足,然后能自反也;知困,然后能自强也。故曰:教学相长也。"互动式教育通过教与学的持续互动,使双方都得到成长。书中引用了一段母女对话,颇有意思。

妈妈问:"去动物园,咱们先看猴子,还是先看老虎?"

女儿答:"猴子。"

妈妈说:"还是先看老虎吧,猴山太远了。"

这种伪装式的商量往往于不经意间隐藏在我们的生活中。父母被天然赋予了孩子第一任老师的角色,但父母真的有教育智慧吗?此外,受过专业训练的老师真的有教育智慧吗?

　　我以为,当前社会上呈现的一些问题其实与教育缺乏深入互动有关系。不会互动、不会沟通,从而产生了各种由孤立与割裂导致的社会问题。由社会到教育再到家庭,这个整体需要充分互动,这关涉生命成长的过程,也是社会滋养最重要的养分之一。每个民族都有自己的教育智慧,互动式教育看似是新的教育理念,实际上在中国源远流长。在中国丰富的传统教育资源中挖掘可资传承的部分,可以为当下的互动式教育提供参考。

　　从家庭教育的角度来看,著名的曾子杀猪立信的故事反映了传统互动教育的一个侧面。

　　曾子之妻之市,其子随之而泣。其母曰:"女还,顾反为女杀彘。"妻适市来,曾子欲捕彘杀之。妻止之曰:"特与婴儿戏耳。"曾子曰:"婴儿非与戏也。婴儿非有知也,待父母而学者也,听父母之教。今子欺之,是教子欺也。母欺子,子而不信其母,非所以成教也!"遂烹彘也。

　　曾子的妻子要去集市时,儿子哭闹。妻子说回来给你杀猪做肉吃。当妻子从集市回来后,曾子准备杀猪,妻子却说这是逗孩子的话。曾子认为不能与小孩子戏言,因为小孩子并非天然有认知,最初与父母学习才形成认知。今天你欺骗他,其实是教会孩子骗人。一个人不信父母,这是教育最初的失败。于是曾子便将猪杀了。可见,曾子将孩子作为独立的主体进行言行一致的互动,教育并非单方面要求孩子听话。

　　从学校教育的角度看《论语》,也可以将其视作一部师生互动的教育对话集。孔子对于不同性格的学生采取不同的教育方法。如所谓"柴也愚，参也鲁，师也辟，由也喭"，即高柴正直而质朴，曾参敦厚而迟钝，子张比较偏激，子路比较鲁莽。对这样不同性格的人，要采取因材施教的方式。人的性格往往反映在其认知与行为中。《论语》记载如下。

子路问："闻斯行诸？"子曰："有父兄在，如之何其闻斯行之？"

冉有问："闻斯行诸？"子曰："闻斯行之。"

公西华曰："由也问'闻斯行诸'，子曰'有父兄在'；求也问'闻斯行诸'，子曰'闻斯行之'。赤也惑，敢问。"子曰："求也退，故进之；由也兼人，故退之。"

孔子的弟子子路问："听到合乎义理的事就去做吗？"孔子说："有父亲和哥哥在，怎能听到就做呢？应当先听听他们的意见。"孔子的弟子冉求问："听到合乎义理的事就去做吗？"孔子说："听到了就去做吧。"

公西华对孔子面对同样的问题却给出截然不同的回答感到困惑，孔子解释说："冉求总是谨慎而犹豫，对于这样的人要鼓励他行动，因为他的谨慎足以使他不会冲动；子路好勇冲动，所以要让他听听父兄的意见再行动。"孔子耐心细致地解答弟子的困惑，同时揭示了教育并非对行为方式的直接矫正，而是根据每个人的认知与性格，引导其觉悟，完善自身行为方式。这是历史上记载的关于互动式教育特别鲜明而有效的教育范例。

当下，中国教育处于复杂多变的思想交汇期，教育问题突出反映在家庭与学校的教育理念中，家庭教育与学校教育往往不能连续且统一。

对于中国孩子而言，现代西方的教育理念虽然具有一定的借鉴意义，但由于文化等各方面的差异，并不完全适用。很多父母摸着石头过河，通过自主学习与实践，慢慢找到了方法。宣霖作为孩子的母亲，同样有过父母教育孩子的各种困惑。她随我学习国学多年，孩子也参加过我创办的国学研习营。她从实践中总结了各种经验，提炼了亲临亲子教育一线的多种观念，这使得她不仅很好地解决了自己遇到的教育问题，也帮助到更多的家庭。《互动式教养：读懂孩子心理，聪明父母这样教》是她融合实践经验，汲取中西家庭教育智慧，对互动式教育进行的系统总结。全书分为上、中、下三篇：上篇从五个方面解析了"读懂孩子心理，解读互动式教养"；中篇从四个方面论述了"以孩子为主体，聪明父母这样教"；下篇立足教育现状，"用互动式教养解决亲子日常小问题"颇为实用。

作者在书中提出，"很多父母认为，孩子是属于父母的，父母不管怎么做都是为了孩子好。因此，他们做事时通常不会考虑孩子的感受，反而会强迫孩子听从自己的命令，希望通过这种方法让孩子免受伤害"。这是当下很多父母会有的误区。

书中不仅融合了传统教育智慧，而且对西方的很多教育理念也进行了充分吸收。书中引用教育家蒙台梭利的观念："除非你被孩子邀请，否则永远不要打扰孩子。"这个观点认为，当孩子专注地做某件事时，如果父母出声干扰，就会打乱孩子的节奏感和秩序感，严重破坏其专注力。比起无休止的唠叨和事无巨细的照顾，安静的陪伴和得体的退出更能让孩子健康成长。

我认为书中对互动式教育语言方式的梳理，极具价值。作者认为：很多父母都没有意识到自己不经意的语言会给孩子带来伤害。其实比起身体上的痛楚，语言伤害的后果更为严重。即使这种语言"攻击"停止了，伤害仍会停留在孩子的内心，像一个巨大的阴影始终笼罩着孩子。

父母之所以这样，是因为他们陷入了一个心理误区——无法宽容孩子的失败。作者分析：有的父母什么事情都要求尽善尽美，处处设置严苛规则，不允许有一点纰漏，总希望在孩子犯错前就提醒他们，避免犯错。一旦孩子不小心做错了事，他们便悲观失望，一味批评孩子，甚至对孩子拳脚相向，美其名曰让孩子牢记在心，永不再犯。其实，他们只是为了挽回自己的面子和发泄自己的情绪。当孩子犯错时，不管你多么生气和恼怒，都要努力克制情绪，让自己冷静下来，理智地去面对。给孩子乱贴标签，如"笨蛋""猪脑子"等，会给孩子带来羞愧感。如果孩子已经意识到错误并感到愧疚，你的责骂只会雪上加霜。要等到我们和孩子都心平气和的时候，再用尊重、鼓励的语气和孩子沟通，一起帮他分析错误，反思失败的原因，并引导他进行改正。给孩子提供切实的帮助比无谓的责骂有效得多！

　　互动式教育是一个内涵丰富的体系，父母与老师都可以构建独特架构，宣霖这本书有着自己的独特分析。基于我多年开展孩子国学教育体系建构的经验，无论是父母还是老师，在与孩子互动的过程中，细节关照尤为关键，现列举数例加以说明。

　　第一，培养孩子自信心的互动细节是不要让孩子显得无能。在带领孩子学习各种技能或者知识时，有智慧的父母会表现得比孩子更"拙劣"，或者与孩子水平差不多。这样可以避免孩子产生挫败感，不会让孩子觉得自己很无能。要让孩子明白任何学习都是"熟能生巧"，奥秘只在于"学而时习之"。同时，对孩子学习的成果要肯定其独一无二，不要与别人相比较，因为除了品行以外，孩子的任何动手成果都是独一无二的。

第二，在陪孩子玩耍的时候，需全身心投入，以互动式陪伴营造高质量玩乐氛围；在陪孩子学习的时候，也要构建互动场景，共同探索知识。不要让孩子感觉你在敷衍，或者让孩子感受到与他玩的时候你觉得没什么意义与价值，更不可以在陪孩子玩的时候说"陪你玩半天，爸妈正事都耽误了""总陪你玩，我就不能挣钱养家了"这种话。这会让孩子觉得自己是累赘，没有价值。

第三，在与孩子的观点有分歧时，不要强调自己的身份是父母，而应就观点论观点。若在交流中，发现自己难以放下好胜与固执，就得自我反省，不要陷入认知僵化。孟子说"身不行道，不行于妻子"，可以借与妻子和孩子的互动，看自己在不在"道"上。如果不能与妻子和孩子良好互动，则说明自己的"道"有问题。这一点对现代父母都适用。

第四，要重视孩子眼中的大事，不要把孩子眼中的大事看成无所谓的小事而不去关注。你眼里的小事可能是孩子世界里天大的事，而你眼里的大事却可能是让孩子无感的小事。引导孩子处理这些"大事""小事"，能帮他们建立轻重缓急的认知。小大之辨需要父母引导教育而非天然就可以辨别。如不引导教育，孩子可能对日常琐事过度放大其重要性，真碰到关乎安危存亡的大事，反倒麻木无感。

第五，父母要在孩子面前表现出彼此尊重、亲密的相处状态，不要绕开配偶表达偏爱，否则孩子会觉得自己抢了爸爸或者妈妈的爱，从而无法正确地定位自己，最终依赖或者拒绝这份偏爱。父母间相互敬重、爱意流动，是孩子学会优雅处世、建立信任感的根源。

第六，相信孩子犯错是父母的机遇，而绝非父母的麻烦。如此，犯错的孩子才敢于改错。一定不要让孩子觉得"错比天大",这样会让孩子一旦犯错就容易想不开甚至轻生。犯了错误不要急于批评,而要让他自己认识到错在哪里,这一点更为关键。有智慧的父母不会戳穿孩子所说的犯错理由,因为这些理由里已经有自悔的意味,而不仅仅是找借口。当然,对于明显的是非,要直接指出来,因为"是非之心,智之端也"。

第七,适当学习孔子的互动沟通智慧,使互动沟通成为一种驾驭语言的能力。在《论语》中,孔子与弟子的诸多互动,为不同场景下的沟通应答提供了范本。

以上只是我个人受到《互动式教养:读懂孩子心理,聪明父母这样教》的启发,结合自身多年少儿国学教育总结的互动经验,提供给宣霖与各位读者做参考。

《互动式教养:读懂孩子心理,聪明父母这样教》探讨了互动式教育的方方面面,既有孩子厌学、网瘾等很多现实负面问题,又有通过亲子互动培养孩子的合作能力等正面建设,是一本融合了中国传统智慧与现代西方教育理念,并经过实践检验的关于互动式教育体系的著作。值得推荐,故欣然作序。

刘伟见

学者、诗人,现任北京市社科院国学研究中心主任

孩子的健康，根在父母

我们有时会听到青春期孩子沉迷电玩、厌学、抑郁等信息。很多人说"我的孩子还小，还没有到青春期"。他们误认为这些问题是到青春期才"突然冒出来的"，却忽略了孩子的成长是连续的轨迹，"昨天"的养育种下因，"今天"的状态、"明天"的方向，都藏着过去的伏笔。

同样是青春期的孩子，为什么有些孩子很健康，有些孩子却有一大堆问题呢？很多父母将其归咎于孩子本身，认为孩子不好、不争气、没学好，等等，却不知道作为父母至少有一大半的责任。当然，也有很多父母认识到了这一点，却苦于不知道怎样改变，怎样处理现在的困境，内心充满自责却毫无办法……

从小到大，从来没有人教导我们如何谈恋爱，如何经营婚姻，如何教育孩子。就算有，也都是老生常谈：夫妻要彼此包容、谦让，教孩子要有耐性，一定要教导孩子守规矩，不能体罚孩子……总之，只有理论，却没有真正可以运用的方法。甚至理论层面，还常出现完全相悖的两种说法，让人不知道该听谁的，学校也没有相应的科系。直到十多年前，培训领域才开始有这方面的课程："如何成为智慧父母""教导孩子的有效方法""夫妻关系对孩子的影响"，等等。

我认识余宣霖老师已经十多年了，她是我的弟子。这十多年来，我见证了她的成长与突破。余老师研习过众多流派的学问，如萨提亚家庭治疗、神经语言程序学、家庭系统排列、专业教练，等等，在心理健康、心理应用方面有着多年的工作经验。她也是一位母亲，对于教育有着切身的体会。她长期从事心理咨询工作，接触到大量的家庭个案，这些个案精准呈现出当前父母最需要解决的"痛点"。余老师将自己多年的经验写成这本书，期盼可以为迷茫的父母提供一些有效的方法，这无疑是一份"取之于社会，用之于社会"的温暖善举。

命令式、教训式、讲道理式、打骂式、放养式的教育方法，相信我们都已经很熟悉了。其效果如何，我们都很清楚。互动式教养对某些父母来说可能是新的方向，也可能有的父母对这个概念已经有所了解，但却苦于不知从何处入手。这本书给予父母许多可以参考的方法，同时也提供相关的例子，并且说明其背后的规律。通过阅读本书，父母不但可以知其然，还能知其所以然，如此便能针对不同性格的孩子，拥有可灵活施展的"教育创作空间"。这是本书的一大特点。

如果我们希望孩子健康成长，平稳进入青春期，将来成为自信、开朗、智慧的成年人，那么从当下起，就尽好父母该尽的责任与义务吧！

戴志强

开门者创始人

前言

在家庭教育的广袤天地里，亲子互动就像神奇的魔法棒，只要轻轻一挥，就能增进亲子之间的感情，为孩子的成长和发展奠定坚实的基础。现实中，父母是如何做的呢？

孩子在外面受了委屈，你漫不经心地说："没关系，坚强一点。""这没什么好难过的。""谁还不是这样过来的。"

孩子取得了好成绩，兴奋地告诉你，你却敷衍道："知道了。""挺好的。""好棒呀。"然后面无表情地走开。

下班回来，孩子张开双臂热情地抱住你，你却用力地将他推开："走开，累死我了。""一边去！""滚！"

孩子在看喜欢的电影，你说："这么幼稚的电影，还看！"然后，一把拿起遥控器，调换了频道，孩子只能讪讪走开。

孩子想参加漫画展，你却持反对意见，说这是不成熟的表现，甚至还说喜欢这些的都是不良少年。

……

这些场景，你是否似曾相识？

亲子之间缺少高质量的互动，孩子感受不到父母的温情，就无法健康地成长。只有在父母与孩子一起玩耍、交流时，孩子才能感受到父母的关爱和重视，从而建立起安全感和自信心。

发展心理学家皮亚杰认为，教育是创造条件，促使孩子与外界相互作用，使认知结构不断成熟和发展的过程。在家庭生活中，父母与孩子之间的互动是构建和维护亲子关系的核心。每一次对话、每一个拥抱、每一次互动，都在不断地塑造着这段独特的关系。为了充分发挥家庭教育的价值，父母应该积极地与孩子展开互动，建立良好的亲子关系，为孩子的健康成长营造温馨、和谐的家庭氛围。

如何跟孩子互动呢？为了回答这个问题，我专门编写了这本书。

我是国家二级心理咨询师，专门针对"人"进行研究，开创了一套自己的体系，叫心性领导力，主要针对人的外在行为和内在能量（心性）开展研究。我觉得在孩子成长的过程中，如果父母能给孩子正确、科学的养育，孩子的成长会更健康。就像一颗好的种子，只要外界提供优质的土壤、丰富的营养和水分，它就很容易成长为参天大树一样。我写这本书的一个重要初衷，就是让父母掌握一套科学养育孩子的方法，助力孩子更好地成长。因为在个人的成长过程中，原生家庭的影响至关重要，尤其是父母会对孩子造成巨大的影响。父母是如何影响孩子的？主要是通过养育孩子的方式进行的，互动就是其中之一。

我写这本书的第二个初衷，是找到跟读者情感共鸣的地方。我是一个母亲，也经历过生活的风雨，愿意为父母朋友们撑起这把伞，传授正确的育儿理念，给大家以帮助。我是一位单亲妈妈，为了照顾孩子，给孩子更多的爱，我曾经将自己的全部精力都放在孩子身上，但由于使用了错误的育儿方法，导致母女关系不和谐，孩子精神状态不好，不愿意学习，甚至还出现过自杀和辍学等倾向。在意识到这个问题后，我勇敢地做出改变，重新构建了孩子健康的心理，努力给孩子一个美好的未来……

一路走来，对于父母对孩子的爱、养育孩子的艰辛、爱的错误表达，以及给孩子带来的内心伤痛，我有着更深的感悟。我深深地意识到家庭教育对孩子的重要性。我想告诉各位父母的是，在养育孩子的过程中应该更看重什么，即不能紧紧抓住成绩不放，而要跳过分数，注重培养孩子健全的人格和健康的心理。

该书从孩子心理切入，分为上、中、下三篇，依次介绍了互动式教养的基础知识、父母的正确做法，以及用互动方式解决生活中的教育问题。用语简单，案例典型，方法得当，既有理论的支撑，也有家庭教育的经验、反思和总结，适合所有父母阅读。希望这本书能够给父母以引导，让大家在养育孩子的过程中获得力量，同时也能与时俱进地更新自己的育儿理念。

记住：

轻松、自然且富有乐趣的互动，是我们需要的，也是孩子需要的！

孩子能跟身边的人、事、物及情境进行有效的协同互动，他的人生才会更加幸福！

经常与父母互动的孩子往往更自信，这种由爱而生的自信将会伴随孩子一生！

上篇　读懂孩子心理，解读互动式教养

第一章　倡导互动式教养，促进孩子健康成长 / 2

不同家庭教养模式导致不同结果，你选择哪种？ / 2

有效互动让家庭教育"活起来" / 5

亲子互动是对育儿过程的正本清源 / 8

陪伴是爱的最好表达 / 11

互动式教养赋予孩子安全感和幸福感 / 15

当前亲子互动普遍存在的问题和解答 / 17

第二章　掌握关键点，让家庭互动更有效 / 20

前提：充分了解孩子 / 20

保障：创设良好的家庭环境 / 23

关键：因人而异，因材施教 / 26

互动的产生需满足两个条件 / 28

第三章　走进孩子的世界，争做互动型父母 / 35

尊重孩子的选择 / 35

忘掉身份，放下架子 / 39

多些耐心，孩子更自信 / 42

看到孩子的个性差异 / 45

跟孩子一起吃喝玩乐 / 48

第四章　用正确的互动方法，积极与孩子联动 / 55

聊天：主动跟孩子聊聊天 / 55

协商：遇到问题，一起商量 / 60

分享：共同感受孩子的喜怒哀乐 / 63

同读：和孩子一起读书 / 67

同玩：跟孩子一起唱歌跳舞做游戏 / 71

同运动：带孩子一起运动 / 74

第五章　错误的互动方式，会刺痛孩子的"心灵" / 77

总是命令孩子，会让孩子失去判断力 / 77

警告、责备、威胁，孩子就无法拥有丰富的体验 / 81

过度说教，会让孩子失去独立解决问题的机会 / 84

给孩子贴标签，孩子容易陷入"我不行"的深渊 / 87

嘲弄和讽刺，会让孩子变得自卑 / 90

中篇　以孩子为主体，聪明父母这样教

第六章　将互动的主动权交给孩子 / 96

鼓励孩子将心里话说出来 / 96

孩子的事情让他自己做决定 / 99

夸奖孩子，赞美孩子 / 102

做出及时、恰当的应答 / 107

给孩子积极的心理暗示 / 111

第七章　互动教养中的能力培养 / 116

通过亲子互动培养孩子的学习力 / 116

通过亲子互动培养孩子的创造力 / 119

通过亲子互动培养孩子的合作能力 / 123

通过亲子互动培养孩子的社交能力 / 126

通过亲子互动培养孩子的时间管理能力 / 130

第八章　互动教养中的品质塑造 / 135

亲子互动中如何引导孩子爱自己？/ 135

亲子互动中如何教育孩子更自信？/ 138

亲子互动中如何鼓励孩子自律？/ 141

亲子互动中如何培养孩子的感恩意识？/ 144

亲子互动中如何培养孩子的责任感？/ 147

第九章　互动教养中的习惯和意识养成 / 150

如何通过亲子互动让孩子养成健康的饮食习惯？/ 150

如何通过亲子互动让孩子养成良好的睡眠习惯？/ 154

如何通过亲子互动让孩子建立安全意识？/ 157

如何通过亲子互动让孩子树立环保意识？/ 159

下篇 用互动式教养解决亲子日常小问题

第十章 亲子沟通互动的问答模型 / 164

问题 1：发生什么事情了？/ 164

问题 2：你的感觉如何？/ 166

问题 3：你想要怎样？/ 169

问题 4：那你觉得有什么办法？/ 170

问题 5：这些方法的后果是什么？/ 174

第十一章 用互动方式为亲子问题答疑解惑 / 177

孩子犯了错，如何进行有效沟通？/ 177

孩子出现逆反心理，如何互动和沟通？/ 180

孩子出现负面情绪，如何通过互动的方式解决？/ 182

孩子感到学习压力大，如何通过互动的方式缓解？/ 185

孩子沉迷于手机，该如何解决？/ 189

在沟通中，如何避免误解孩子的意思？/ 191

后　记 / 196

上篇 读懂孩子心理，解读互动式教养

第一章
倡导互动式教养，促进孩子健康成长

不同家庭教养模式导致不同结果，你选择哪种？

在家庭教育过程中，父母的价值观念、行为方式、态度体系及道德规范会传递给下一代，这就是我们所谓的"榜样"的力量。

父母的教养方式可以从两个维度归纳：一个是父母对待孩子的情感态度，也就是"接受—拒绝"维度；另一个是父母对孩子的要求和控制程度，也就是"控制—容许"维度。

从这两个维度可以产生四种教养方式：权威型、专断型、放纵型和忽视型。了解不同家庭教育模式的特点，选择真正适合自家孩子的教养方式，才有利于孩子的健康成长。

1. 权威型教养方式

权威型教养方式的维度类型是"接受＋控制"。这是一种理性且民主的教养方式，核心在于父母理解孩子，允许孩子自由地做事情，当发现孩子做得不恰当时，父母才会进行适时适当的调控。

这类父母理解并尊重孩子的观点，会用合理、民主、灵活的方式教育孩子；孩子通常比较快乐、成熟、独立，能进行自我管理，能较好地与人相处。这类父母还会以积极、肯定的态度对待孩子，热情回应孩子的需求，尊重并鼓励孩子表达自己的意见和观点。同时，他们也对孩子有较高的要求，对孩子的不同行为表现奖惩分明。因此孩子通常比较独立，善于自控，自尊感和自信心较强，喜欢与人交往，对人友好。

权威型父母喜欢跟孩子交流。他们会对孩子提出合理要求，并对孩子说明希望孩子服从的原因。即使孩子有不同意见，他们也会与孩子沟通，接纳孩子的意见并进行反馈，而不是强迫孩子执行自己的"命令"。他们鼓励孩子独立，鼓励孩子进行自我管理，这些教育方法更有利于孩子的健康成长。

心理学家认为，在所有的教养方式中，权威型教养方式最有效。大量研究表明，这种教养方式和孩子积极的社会性、情感、智力发展等相关。

2. 专断型教养方式

专断型教养方式的维度类型是"拒绝＋控制"。这类父母希望孩子按照他们设计的发展蓝图成长，会对孩子的所有行为进行保护和监督。

专断型父母通常会忽视孩子的需求，希望孩子服从自己的安排与规定，很少向孩子解释做出如此安排和规定的原因，他们常打的口号是"这都是为你好"。

在专断模式下成长的孩子，自我调节和适应性一般比较差，感受不到快乐，与人交往比较被动，缺乏沟通技巧，是大人口中的"乖孩子"。如果无法解决青春期冲突，那么他们长大后很可能会成为"妈宝"男（女）。

3. 放纵型教养方式

放纵型教养方式的维度是"接受+容许"。这类父母属于"低要求、高支持"的类型，他们很少或几乎不为孩子制定规则和界限，孩子想怎么样就怎么样。他们会尽可能地满足孩子的一切要求，孩子想要什么就给什么，喜欢什么就买什么。只要是他们能力范围内的，他们会无条件满足孩子，甚至到了溺爱的程度。

他们对孩子几乎没有要求，不对孩子进行任何行为、礼貌上的约束，不在乎孩子的学习成绩好不好、行为举止是否得当。这样的孩子长大之后很容易做出不礼貌或冒犯他人的行为。他们以自我为中心，不在乎别人的感受，很难和身边的同学、朋友、伙伴等相处；他们不能很好地控制和管理自己的情绪，容易出现易怒、暴躁、冲动等问题；他们相对缺乏责任感，在工作中不善于与他人合作，很少为他人考虑。

4. 忽视型教养方式

忽视型教养方式的维度是"拒绝+容许"。这里的"拒绝"，指的是父母对孩子的情感和行为缺乏积极的回应，亲子间的互动很少；"容许"是指父母对孩子缺少管教，没有对孩子行为方面进行规范和控制。比如，孩子提出一些简单的要求，像购买衣服、篮球等，父母会爽快地答应；而对于一些比较难达到的目标，如培养好的学习习惯、恰当的社会行为等，父母则要求不高，因为这些对于父母来说也很难达到。

除了满足孩子的基本物质需求，忽视型父母很少参与孩子的生活。更确切地说，他们根本没有担负起引导孩子成长的责任。

在这种教养环境中，孩子的学习和生活都缺乏父母的正确引导，缺乏亲情的温暖。孩子很容易形成冷漠、孤僻的性格，他们对很多事情都无所谓、不在乎，情绪也不稳定，一旦受到某些刺激，就无法调控自己的情绪，严重的话还可能走向犯罪。此外，他们还具有比较强的攻击性，很少替别人考虑，对人缺乏热情与关心。尤其是到了青春期，这类孩子更容易出现不良行为。

……

以上就是四种不同的教养方式，对照看一看，在亲子教育中你采取的是哪种教养方式？是否有需要改进的地方？是否有提升的空间？不管你偏好于哪一种教育方式，都要为孩子营造平等、尊重、包容、理解、友爱的家庭环境。孩子的教育是一项大事，父母需要不断学习，才能为孩子创造良好的家庭氛围。

有效互动让家庭教育"活起来"

生活中，很多父母都有过这样的经历：

"妈，你看我今天画的画怎么样？"

孩子开心地将画拿给你看，你却因为自己的事情而敷衍孩子，没有与孩子更好地互动。

这时候，孩子就容易生出失望等情绪，或者只能用无辜的眼神望着你……

很多时候，我们都会在不经意间忽视了与孩子的互动。和谐的亲子关系隐藏在孩子与父母的每次互动中,父母与孩子的每次互动都是在与孩子建立情感链接。情感可以影响一个人,因此积极地与孩子互动足以改变孩子的一生。只有跟孩子进行耐心、真诚、积极的互动,才能让孩子从中感受到关注、尊重与爱,从而滋养他们的心灵,让他们变得阳光、可爱。

大年三十晚上,孩子跟你说了几遍:"妈妈,咱们出去放烟花吧。"

你却忙着玩牌,说:"没看我手里有事吗?我哪有时间陪你玩!"

不懂和孩子互动的父母,只会心不在焉地应付着孩子,要么继续刷手机,要么继续忙手头的事情。有的父母甚至还会立刻打断孩子,回答:"放炮容易受伤,别去!"

春节放假,亲戚、朋友好不容易聚在一起,父母可能真的抽不出空,或者不知道该和孩子玩什么,抑或是根本就没有意识到交流互动对孩子成长的重要性。明智的父母则会放下手里的事情,搬个凳子坐过来,跟孩子交流,让孩子说话,并认真地听完孩子的讲述。

家庭成员在相互交往中所做出的反应,是家庭教育的基本形式。家庭是一个系统,家庭成员无时无刻不处在互动中。良好的家庭互动,对于孩子的教育是有利的。

1. 亲子互动可以增近亲子关系

父母和孩子之间频繁地互动和交流,情感联系就会更加紧密。通过共同参与活动、分享喜怒哀乐,父母能更好地了解孩子的需求和兴趣,与孩子建立起互相信任和理解的关系。比如,定期举行家庭游戏夜、玩桌游、展示才艺、共同观看电影等。

需要注意的是:

选择适合所有年龄段的活动或话题，确保每个人都能参与进来。

为了增加趣味性，互动的过程中可以穿插一些小游戏或表演节目。

玩魔方、拼图和棋类游戏，可以提高孩子的逻辑思维和解决问题的能力。

跟孩子一起唱歌或跳舞，可以培养孩子的节奏感和艺术欣赏能力。

选择有教育意义的电影，观看后进行讨论，分享感悟和学到的东西。

体验一次露营，不论是在户外还是在室内搭建帐篷度过一夜，都是难忘的经历。

2.亲子互动有助于孩子的全面发展

通过与父母的交流和互动，孩子可以学到更多的知识和技能。为了促进孩子提高语言表达能力、社交能力、创造力等，父母可以与孩子一起阅读书籍、玩游戏、探索自然等。比如，让孩子参与简单的烹饪活动，做饼干或水果沙拉，不仅可以教会孩子生活技能，还能疗愈心情。

烹饪过程中，可以让孩子负责某一环节的工作，比如搅拌面粉、装饰饼干等，让他们感到自己所做的工作是整个过程的重要部分。完成后，可以跟孩子一起品尝成果，并讨论烹饪过程中的乐趣和学到的东西。

3.亲子互动可以培养孩子的价值观和品德

在亲子互动中，父母可以传递给孩子正确的价值观和道德观。通过父母的榜样和引导作用，孩子将会学习尊重他人、关心他人、分享和合作等重要品质，从而成为有责任感和道德观念的人。比如，一起做手工艺品、绘画、剪纸、制作模型等，创作故事并拍摄定格动画，不仅能培养孩子的动手能力，更能激发孩子的创造力和想象力。

父母可以引导孩子发挥想象力，鼓励他们尝试不同的材料和方法，创造出独一无二的作品。坚持这么做不仅能够锻炼孩子的动手能力，还能让他们在实践中学习到新知识和技能。此外，手工艺制作也是一种放松身心的方式，可以让家庭成员在忙碌的生活中找到片刻的宁静和乐趣。

家庭成员共同构思一个有趣的故事情节，并使用简单的道具制作成定格动画短片，不仅能促进孩子发展创造力，还能培养孩子的团队协作精神。

总之，亲子互动对于孩子的成长和发展至关重要。我们应该重视亲子互动，给予孩子更多的关注和陪伴。

亲子互动是对育儿过程的正本清源

将家庭教育定位为互动，也就抓住了教育的本质。

（一）不当的行为严重影响孩子的成长

在亲子关系中，父母的一些不当行为会严重影响孩子的成长。

1.打压式教育，摧毁自尊心

有些父母给孩子提出的要求超过了孩子的禀赋、能力、素质，简单说就是拔苗助长。如果孩子做不到，父母就贬低孩子："你看看别人家的孩子多优秀，你怎么这么蠢啊！"父母希望通过这样充满比较意味的言语"鼓励"孩子进步，却不知道每个孩子的成长都有自己的轨迹，强求或打压只能让孩子产生"批判性自我反思"，不仅不会取得进步，还容易自我怀疑，否定自己的价值，并产生一些消极的想法，比如，"是不是我不够好？""妈妈是不是不喜欢我了？"得不到关注和肯定的孩子还容易陷入低自尊的恶性循环中，即不断地否定自己，再去外界寻求认同，一旦遭遇挫折，就会再次觉得是自己不够优秀，从而产生自卑心理，有些孩子甚至还会破罐子破摔。

2.以爱的名义控制孩子

在心理学上，所谓非爱行为就是对自己身边的爱人，以爱的名义去实施控制或剥削的行为。这种行为通常发生在亲子间、亲密伴侣间等。

这也是很多青春期孩子患上抑郁症的重要原因。父母以爱的名义对孩子实施控制，孩子无法合理表达，很容易产生自我攻击，进而引发抑郁症等精神类疾病。

3.过分夸大自己的付出

有些父母喜欢诉说自己非常辛苦，而让孩子产生愧疚感，其实背后的动机就是让孩子无条件顺从自己。比如，"我们平时这么累到底为了什么啊？不都是为了你？""我舍不得吃，舍不得穿，把最好的都给了你们。起早贪黑地干活，都是为了你们，为了这个家。你们却这样不懂事，真让我伤心。"

牺牲自己，成全别人，会让对方的生命承受不能承受之重。不管对方是伴侣、父母，还是孩子。

牺牲意味着伤痛，意味着不公。任何人一旦觉得自己承受了太多的伤痛和不公，就希望获得补偿，继而破坏与自己付出对象的关系甚至整个家庭关系。

父母忙前忙后的确有为了孩子的成分,但真的全都是为了孩子吗?如果你真的爱自己的孩子,那么看到他们如此痛苦,你为何还是一意孤行?

4. 孩子从小被忽略

父母冷漠或对孩子缺乏照顾,孩子会感受到孤独。这种孤独感很难用言语表达出来,继而形成潜意识中的情感创伤。这类家庭出来的孩子容易抑郁、自暴自弃,甚至发展出反社会人格、边缘型人格,做出违法犯罪的事情。

英国心理学家希尔维亚·克莱尔说:"世上所有的爱是以聚合为最终为目的,只有一种爱是以分离为目的,那就是父母对孩子的爱。"我们虽然更认同孩子要孝顺父母,但过度强调父母对孩子的付出,只会让这份情感变成孩子的不可承受之重,扼杀掉孩子成长的无限可能。

(二)家庭教育的本质是互动

家庭教育的本质,是父母与孩子之间充满爱的互动,是父母用心倾听孩子的心声,是父母陪伴孩子一起成长。

1. 言语的力量

言语是表达爱的最直接方式,一句简单的"我爱你",对孩子有着非凡的意义。它就像一颗甜蜜的种子,播撒在孩子的心田,生根发芽,会让孩子感受到自己是被珍视的。

当孩子取得进步时,父母的赞美之词如"你这次做得真棒!我为你骄傲",会成为孩子继续前行的动力。当孩子遭遇挫折时,父母温暖的鼓励如"没关系,我们可以一起再试试",能让孩子重拾信心。

即使是日常生活中的闲聊,也能拉近与孩子的距离,让他们感受到父母的关心。比如，询问孩子在学校的趣事、分享彼此的小秘密，这些看似平常的话语交流，都能将家庭编织成一张庞大的爱的网络。

2.肢体语言

身体的接触是一种无声却有力的爱的表达方式。比如，一个大大的拥抱足以消除孩子的不安和恐惧。

当孩子放学回家时，给他一个热情的拥抱，仿佛在告诉他"欢迎回家，这里是最安全的地方"。

轻抚孩子的头发、拍拍他的肩膀，这些简单的动作都蕴含着深深的爱意。

当孩子入睡时，为他掖好被子，轻轻亲吻他的额头，让爱伴随他进入甜美的梦乡，他会在潜意识里充满安全感。

对于年幼的孩子来说，父母的怀抱就是整个世界；对于稍大一些的孩子来说，如青春期的孩子，父母恰到好处的肢体接触依然能传达出那份无须言语的爱。

陪伴是爱的最好表达

如同幼苗的生长需要养分，孩子的成长也离不开父母的陪伴。美国心理学家布鲁姆的研究表明，在性格和习惯培养方面，有父母陪伴的孩子通常比没有父母陪伴的孩子表现更好，也更乐观大方；而从小缺少父母陪伴的孩子，则会更加自卑、孤独。

现实中，很多父母都遇到过"不知道怎么办"的情况：

别的孩子来家里做客，自家孩子却不愿意拿出自己的照片让对方看。为此，父母与孩子争执不休。

孩子自从上了初中就总发脾气，有时甚至还会打人。即使答应你以后不会再犯，下次却依然我行我素。

寒假期间，孩子总是睡懒觉，无论你怎么催，他都不愿意起床，俨然成了"小懒虫"，能拖就拖，恨不得睡到天荒地老……

大人该做的、能做的基本上都做了，孩子就是不搭理、不愿意、不配合，让父母感到崩溃。其实，有一种方法可以有效地应对所有"不知道怎么办"的场景，那就是与孩子互动。

我曾在地铁上看到过这样一幕：

地铁上人挤人，一对母子坐在座位上。孩子可能是被挤烦了，开始哭闹。妈妈哄了一会儿，孩子没有改观，妈妈就开始陪孩子玩手指加减法的游戏。孩子泪眼婆娑，却也还是伸出了手，同妈妈一起玩手指算术，看起来不像是第一次玩了。中途，妈妈甚至还计算错了，逗得孩子咯咯笑。原本吵闹的画面变得温馨，周围人也跟着松了口气。

游戏是孩子的语言，通过这样的互动，孩子知道：我们听懂了他的心声，认可他的配合，也相信他能合作！当遇到孩子的问题时，你如果不知道怎么办，就和孩子互动玩乐吧！

用互动玩乐的方式纠正孩子的不良行为，不仅能让孩子变得更加自信，而且能让亲子关系变得更加亲密。陪伴在孩子身边，是父母给予孩子最好的爱。每一次的亲子互动，都是心与心的交流；每一刻的陪伴，都是爱的沉淀。因此，即使工作繁忙，也要抽出一定的时间陪伴孩子，让他们知道在父母的日程表中，他们永远是最重要的部分。

1.比起金钱物质，孩子更需要的是陪伴

如今，为了养家糊口或是为了实现心中的梦想，成年人都在忙碌地工作，结果工作越来越忙，陪伴家人的时间越来越少。对很多父母来说，牵着孩子的手，和孩子一起大笑，可能是很久之前的事情了。但陪伴才是最好的教育，在孩子的成长教育中父母长期缺席，势必会影响亲子关系，也不利于孩子的健康发展。

一位年轻的妈妈开着名车送女儿去学费十分昂贵的小学学习（孩子住校）。

妈妈对女儿说："妈妈没有时间陪你，是因为想赚更多的钱，将来送你到更好的学校学习，你懂吗？"

女儿说："我知道。等我长大了，也要赚很多的钱，送你去最好的养老院。"

听到女儿的话，妈妈一脚刹车停在路边，竟然放声痛哭。

这位妈妈以为，给孩子赚更多钱、给孩子提供更好的物质生活，就是对孩子最大的爱，却唯独忽略了一件最重要的事：陪伴。

我们总说忙，但孩子的教育根本不可能等到我们忙完了再来弥补。稍有疏忽，孩子就会出现明显的成长变化，有些问题一旦出现，就很难改正。所以，别让忙碌毁了孩子的成长！

2.高质量的陪伴是最好的教育

在这个世界上，任何东西都有保质期，对孩子的教育也不例外。同样，父母也是有"有效期"的，而且很短，只有一二十年。小时候不陪伴，孩子长大后，任凭父母如何努力，拼命补偿，终将难有效果。过期的陪伴，只能是尴尬的陪伴。在有效期内多陪陪孩子，不仅能收获融洽的亲子关系，更会让孩子变得优秀。优秀的孩子，都是父母陪出来的！

高质量的陪伴，才是对孩子最好的教育。比如，不要期待太高，不要说教太多，以免给孩子施加压力；不要太过敷衍，对孩子多些耐心，否则无法真正解决问题。父母要用心对待孩子，耐心和孩子相处，保持一颗平常心，更要尊重孩子。比如，孩子上学离开家之前，给他一个拥抱，微笑着对他说"祝你今天快乐"；吃晚饭时，和孩子聊聊学校发生的事情，陪孩子玩一会儿或聊会儿天。

3. 最高境界的陪伴——活出孩子钦佩的样子

高质量的陪伴是一种愉快和谐的双向交流，可以让孩子变得更自信、独立、有力量，父母也会从中收获愉悦和成长。

女儿打算考研，正在复习备考。妈妈看到女儿状态不佳，为了提高女儿的学习效率，她也加入了考研队伍。工作忙碌的妈妈从准备考研到正式考试，仅有两个多月，且都是利用碎片化的下班时间和周末时间学习的。在妈妈的陪伴下，女儿顺利通过了考试，成绩优异。

常言道，"龙生龙，凤生凤，老鼠的儿子会打洞"。除了遗传因素，父母的引领和榜样作用才是成就孩子最好的教育方式。父母是孩子最好的榜样，父母给予孩子的力量是无穷的。因此，平时我们要多陪陪孩子，争做孩子亦师亦友的引路人。

互动式教养赋予孩子安全感和幸福感

互动是孩子最重要的成长方式，亲子互动让孩子觉得父母是自己的依靠，也有更多机会得到父母的认可。这是他们早期获得自信的来源和基础，能够起到安抚心灵的作用，让他们获得满满的安全感，有力量对抗未来的人生挫折。

1.每天一个拥抱

拥抱的背后是给予与接纳，是亲子之间的情感连接，心理学家认为，拥抱是孩子和父母培养"安全依恋"的基础。因此，每天无论开心还是不开心，都要给孩子一个拥抱，让他知道"你爱他"。

亲子之间的这种亲密连接，会激活孩子内心爱的动力和对生命的动力。孩子被爱滋养着，就能获得一种心理的能量。

孩子接受妈妈爸爸的拥抱时，内心会产生一种感觉："我是被爱的，我是重要的。"这份感觉会给孩子以积极向上的力量，让孩子得到一种家庭归属感。缺乏这种人性化的肢体连接，孩子就容易出现不安全感、孤独感和自私感，当他们因希望获得爱和关怀而产生焦虑时，免疫能力就会降低或容易患病。

2.拍照作纪念

亲子拍照不仅记录了与孩子的珍贵时刻，更是一种展现家庭温馨与爱意的方式。如果有机会记录孩子的成长，就多拍一些照片，让孩子明白亲情的珍贵。

在儿子18岁生日这天，一位摄影师爸爸将给儿子"偷拍"的上千张照片装订成册，作为礼物送给儿子。照片里有：第一次剪头发、第一次露营、每年的生日……父亲拍的不仅是照片，更为孩子保留了成长中那些幸福的时光，让儿子感受到"父母正在爱着他"。

3. 快乐"储蓄罐"

孩子的成长如此迅速，仿佛在一瞬间他们就长大了。记录孩子开心快乐的瞬间不仅可以留下美好的回忆，更是一种与孩子建立深厚情感连接的方式，也能为孩子的童年增添更多绚丽的色彩。

孩子做的每一件开心的事情都值得记录，可以为孩子准备一个"储蓄罐"，记录下孩子开心的瞬间。等到孩子有一天心情不好的时候，让他翻出来看看，坏心情可以瞬间治愈。

4. 家庭理财计划

每个家庭都有不同的消费方式和风格，孩子在成长的过程中耳濡目染，等到独立生活后，自然而然地会像父母那样花钱。可以准备一个记账本，父母记录家庭整体的收支，孩子记录自己的收支。然后，在家庭会议日的那一天，拿出来翻看彼此的记录。这样能通过教孩子记账，让孩子规划自己的财务，审视金钱流向，建立正确的金钱观，还能让孩子在无意中发现父母的付出，从而变得懂事与贴心。

5. 给对方节日惊喜

好的亲子关系是一场双向奔赴，爱会在孩子和父母之间流动。每逢节日，父母不仅要为孩子准备礼物，也要引导孩子为父母准备惊喜。因为只有让孩子付出，他才会懂得人与人之间的情感是相互的，才能建立责任感，培养感恩之心。

双向付出的家庭，才能激起孩子的责任感。从今天起，孩子向你表达关心和帮助时，你要大方地接受，真诚地表达自己的喜悦、欣慰和对孩子的赞赏，接受孩子的付出。如此，你才能与孩子建立深层次的连接，让孩子学会温柔地对待世界。

家庭是世界上唯一可以不设防的地方，在有温度的家庭里，没有抱怨和委屈，每个人都能全心全意地去爱，也能大大方方地接受被爱。家人彼此坦诚相待、融洽相处，方能让爱良性循环。

当前亲子互动普遍存在的问题和解答

目前，亲子沟通与互动的常见问题主要有如下几类。

1.如何在繁忙的工作中找到时间与孩子沟通？

父母可以制订一份家庭时间表，固定亲子沟通时间，即使每天只能沟通短短的几分钟，也能有效增进感情。

2.孩子不愿意参与亲子互动怎么办？

首先要了解孩子不愿意参与的原因，可能是对活动内容不感兴趣或情绪不佳等。可以尝试与孩子沟通，了解他们的想法，然后根据孩子的兴趣调整互动内容，让互动变得更加有趣，充满吸引力。

3.亲子互动过程中发生冲突怎么办?

当发生冲突时,父母要保持冷静,避免情绪化的反应。可以先暂停互动,等双方情绪稳定后,再心平气和地沟通,了解彼此的想法和感受,共同寻找解决问题的方法。

4.工作忙,没有时间进行亲子互动怎么办?

时间就像海绵里的水,挤一挤总会有的。即使工作再忙,也可以利用一些碎片化时间进行亲子互动,比如,一起吃早餐时、送孩子上学的路上等。周末或节假日可以安排一些专门的亲子时间,和孩子一起做一些有意义的事情。

5.如何让亲子互动更有质量?

要全身心地投入到亲子互动中,排除手机等干扰因素,与孩子建立起情感连接。同时,要根据孩子的年龄和发展特点选择合适的互动方式和内容,注重趣味性和启发性,让孩子在互动中有所收获。

6.亲子互动是否只适合幼儿和儿童阶段?

不是!亲子互动贯穿于孩子的整个成长过程。不同阶段的亲子互动方式和内容可能会有所不同,但都对孩子的成长有着重要的影响。即使孩子长大成人,亲子之间的良好互动依然能够增进彼此的感情,促进家庭的和谐。

7.如何让父亲更好地参与亲子互动?

父亲可以从自己擅长的领域入手,与孩子开展一些互动活动,如一起修理玩具、进行户外运动等。同时,母亲也要创造更多的机会和条件,让父亲在亲子关系中发挥更重要的作用。

8. 如何在亲子沟通中避免代沟?

父母应积极了解孩子的兴趣和爱好,尝试用他们的语言和方式进行沟通,避免因为代沟产生隔阂。

9. 如何在家庭规则执行过程中保持一致性?

父母应明确家庭规则,并坚持执行的一致性,不能在不同情境下运用不同的处理方式,这样才能保持规则的权威性。

10. 如何鼓励孩子表达自己的想法和感受?

父母可以通过积极的引导和表扬,鼓励孩子表达自己的想法和感受,帮助他们建立自信心。

11. 如何在孩子犯错时进行有效沟通?

孩子犯错,父母应避免指责和批评,要通过建设性的沟通,帮助孩子认识错误并积极改进。

12. 如何在亲子沟通中保持积极的态度?

父母应保持积极、乐观的态度,通过积极的言语和肢体语言,传递正能量,增强亲子间的情感联系。

13. 如何在亲子沟通中避免过度保护?

父母应适度放手,给孩子提供独立思考和解决问题的机会,避免过度保护,以培养孩子的独立性和自信心。

14. 如何在亲子沟通中避免情绪化反应?

父母应保持冷静,避免在情绪激动时进行沟通,要通过冷静的态度和理性的言语解决问题。

通过对这些问题的了解,父母可以更加全面地掌握如何在亲子沟通与互动中处理各种常见问题,从而建立更加和谐、紧密的家庭关系。

第二章
掌握关键点，让家庭互动更有效

前提：充分了解孩子

充分了解孩子是亲子互动的前提。

在孩子的成长过程中，父母扮演着至关重要的角色。然而，要想提高家庭互动的效果并不容易，关键的一点就是要读懂孩子。因为只有真正了解孩子，我们才能够站在他们的角度去思考和解决问题。

孩子的世界与成人的世界截然不同，他们有着独特的思维方式和情感需求。也许在我们看来一件微不足道的小事，在孩子的心中却可能是天大的事。比如，跟同学发生了矛盾，对于成人来说无足轻重，但对于孩子来说，则意味着失去了一个亲密的伙伴，他们会感到无比伤心和失落。如果我们不能理解孩子的这种感受，就无法给予他们恰当的安慰和支持。

了解孩子，还能让我们更好地与他们沟通。有效的沟通是建立良好亲子关系的基石，而读懂孩子则是实现有效沟通的前提。当孩子愿意与我们分享他们的喜怒哀乐时，这意味着他们对我们有着充分的信任。这份信任的建立，离不开我们对他们的理解和接纳。

那么，如何才能了解孩子呢？为了了解孩子的心理世界，可以借鉴医学上的"望、闻、问、切"法。

1. 望——观察孩子的行为举止和脸色表情等

孩子的一言一行都会反映其内心世界。比如，孩子饭量减少，也许是肠胃不舒服或在外吃了零食；放学回家较晚，也许是孩子在学校搞卫生或在路上跟同学聊天了；孩子一回家就钻进自己的房间，或深夜还亮着灯，也许是在看书，也许是在玩手机……

孩子的脸色表情，是其内心的晴雨表。有的孩子在学校与同学发生了纠纷，或犯了错误被老师批评，回家不说；在校外被人欺负了，回家也不说……但这一切都会直接写在孩子的脸上，父母要学会读懂孩子的心情。

2. 闻——听孩子说话

孩子对学校内外人、事、物的所见、所闻、所感，回到家常常会情不自禁地说出来。

不管孩子说什么，即使是父母不感兴趣的话题或父母此时有点忙，也应该耐心地听孩子说，还要给孩子创造良好的说话氛围，让孩子把话说完。这样不仅能提高孩子的语言表达能力，还能培养孩子的思维能力。

即使孩子说话可能语无伦次或重复性高，对某件事情的叙述可能抓不住要点，表达某种看法可能不够清晰，父母也不要急躁，更不要显得不耐烦。

在倾听的过程中，还要注意帮孩子分析，说得好的给予肯定，做得对的给予表扬，说得不清楚、不正确的给予引导纠正。比如，孩子认为老师教育或学校管理有不合理之处，父母不应随意附和，不能盲目迎合孩子的意见，要客观、全面、公正地分析，不能动不动就对学校或老师评头论足、说长道短。父母如果不能维护学校或老师的威信，孩子就会对学校的管理产生抵触情绪，对老师的教育产生逆反心理，这不利于孩子的健康成长。

3.问——向孩子提问题

问是一门艺术，父母需要掌握这门艺术。

（1）注意孩子的兴趣爱好，不要一开口就问学习成绩，否则容易引起孩子反感。只有从孩子的兴趣爱好问起，孩子才会乐于回答。

（2）多发现孩子的闪光点。每个孩子都有优点，父母从孩子的闪光点问起，孩子自然会愉快地问答。

（3）问题简单些。问题太难，孩子回答不出就会丧失信心，因此要尽量切合孩子的生理和心理特点，并且综合孩子所学的知识提问，不要问过于深奥的问题。

（4）分清时间场合。有外人在场时不要张扬孩子的缺点，应顾及孩子的自尊心。

此外，每次问话都要有一个主题，不宜问得过杂过多；问话的语气应平易近人，不要咄咄逼人；问话的语速应慢一点，要给孩子充分的时间去思考和领会。

4.切——走进孩子的内心世界

孩子的内心世界模糊且不稳定，其世界观、人生观和价值观尚未定型，注意力也容易转移，思想行为变化大。父母怎样才能走进孩子的内心世界，与孩子的心灵产生共鸣呢？

首先，要为孩子营造和睦、民主、轻松、愉快的家庭氛围，不要强权和专制；要鼓励孩子敢于表现、乐于表现，以便发现孩子的优点和不足，对孩子进行针对性的教育。

其次，要学会换位思维，富有同理心，想孩子所想，站在孩子的角度分析和理解事物。唯有如此，父母才能成为孩子的心灵伙伴，做孩子的知心朋友。

保障：创设良好的家庭环境

家庭氛围如土壤影响树木般影响着孩子的成长，积极的家庭氛围能给予孩子安全感和归属感，促进孩子形成良好的性格特质，构建良好的人际关系，保持良好的心理状态。

只有在和睦的家庭环境中，孩子才能感受到父母之间的尊重和支持。他们会从父母的相处中学会如何与人和谐相处，如何处理矛盾和冲突。这种积极的家庭氛围有助于培养孩子稳定情绪的能力和社交能力。

此外，积极的家庭氛围可以为孩子提供稳定、支持和关爱的环境，有助于他们健康成长和全面发展。在这样的家庭氛围中，孩子能时时感受到父母的关爱与陪伴，对父母非常信任，获得极大的安全感，乐于和父母分享生活中的点滴，形成自信、阳光、温暖、乐观、待人和善的性格。

因此，父母应该努力营造积极、和睦、温馨的家庭氛围，为孩子的成长提供良好的土壤。

1. 爱的港湾

家庭，是孩子心灵的庇护所，是孩子最温暖的港湾。每当夜幕降临，那一盏为孩子而亮的灯，就是他们心中最温暖的存在。

安全感，是孩子心理健康的基石。充满爱的家庭氛围能够给予孩子无尽的安全感，让他们在面对外界挑战时拥有坚强的后盾；有助于孩子在内心建立信任感，在未来的生活中更加积极、乐观地面对各种挑战。

充满爱的家庭氛围，首先体现在父母对孩子无微不至的关怀上，其次体现在父母之间相濡以沫、互相扶持的情感上。这些能够在无形之中构成孩子成长所需的安全感。

2. 和谐氛围

家庭是每个人最重要的港湾，温馨和谐的家庭氛围让每个家庭成员都感到快乐和安全。对于孩子来说，良好的家庭氛围不仅是成长的沃土，更是幸福的来源。

家庭氛围和谐与否直接影响到孩子的社交能力，家庭氛围和谐、融洽，孩子就能学会如何与人相处，如何表达自己的情感和需求。在这样的家庭中成长，孩子才能尊重他人，理解他人的感受，从而在未来的生活和工作中更容易融入集体，建立良好的人际关系。

为了让孩子在爱的包围中学会与他人交往，父母要用爱呵护孩子，营造和谐的家庭氛围。

3. 鼓励与支持

好的家庭氛围能够激发孩子的创造力和想象力。在充满鼓励和支持的家庭中，孩子可以自由地探索未知世界，勇敢地尝试新事物。如果父母认可和赞赏孩子的每一个奇思妙想，就能激发孩子深入思考和探索的动力。

在家庭互动中，父母要鼓励孩子发挥想象力，激发孩子的创造力。富有想象力和创造力的孩子，在未来的生活和工作中会更有创新精神，更容易取得成功。

4.品德榜样

家庭是孩子品德形成的重要场所。父母的一言一行，都是孩子学习的榜样。父母通过自己的言行，向孩子传递着诚实、善良、勇敢、坚韧等美好品质。因此，在家庭互动中，父母要以身作则，谨言慎行地影响孩子。

5.有效沟通

父母与孩子的有效沟通，能够增进彼此之间的理解和支持，让孩子感受到家庭的温暖和关爱。通过沟通，父母也能更好地了解孩子的需求和想法，为孩子提供更加精准的教育和引导。

在家庭互动中，父母要注重与孩子的沟通，并建立良好的亲子关系。在这样的环境中长大的孩子，在未来的生活和工作中，更容易与他人建立良好的人际关系，取得更大的成功。

6.快乐与幸福

快乐是每个人追求的目标之一，对孩子来说更是如此。

好的家庭氛围是孩子快乐的源泉。父母可以通过组织各种家庭活动、亲子游戏等方式，让孩子在家庭中感受到快乐和幸福。同时，也要关注孩子的兴趣爱好和特长发展，为孩子提供更多的机会和资源，帮助孩子发现和追求自己的快乐。

关键：因人而异，因材施教

家庭互动，因材施教是关键。

要想促进亲子互动，面对不同的孩子，应该采取不同的交往策略，根据孩子自身的特质因地制宜地开展亲子互动，同时应尊重和满足孩子的需求。

1. 触觉型孩子

触觉型孩子基于整体的感觉做判断，无论是听到的声音还是看到的画面，都能触发他们的情绪。他们还喜欢肢体上的接触，平时喜欢说"嗯，感觉不错"。

触觉型孩子情绪唤起快、消退也快。比如，你跟触觉型的孩子说"我们去某某地旅游吧"，他一定会第一个响应，马上说"好的，好的"。但是，过一两个小时或者过一两天，他可能就后悔了。

跟触觉型孩子沟通时，要选择调性很高、很舒适的环境，这样能让他感觉很舒服。触觉型的孩子一般都比较感性，要更多地从感性层面跟他沟通，比如，多聊聊感觉、情绪等，他往往更容易接受。

2. 视觉型孩子

视觉型孩子经常会说"哎！这个东西看起来很不错！"

当你与视觉型孩子交谈时，他们的脑中会自然而然地浮现画面。例如，你跟他说"我们去某某地旅游吧"，他几乎没感觉。但是，如果你给他看旅游地的风景图、照片等，他就会兴奋起来——视觉，就是点燃他热情的"开关"。

面对视觉型孩子，我们要尽可能具体化、形象化地跟他沟通，营造画面感，完善细节，帮助他的大脑呈现出画面。比如，你说："那天在XXX的生日上，你推了XXX一把，你想一想，他多么难受，多么伤心。"孩子可能会听不明白，因为你在陈述事实，而孩子的脑子里想的却是那天的场景。如果你绘声绘色地跟孩子说："你想想他当时的那个表情，他是不是眼睛里面含着泪水？他是不是哭了？他是不是嘴角瘪下去了？他是不是一下子就很难过？"这样描述能帮孩子看到你描述的那个场景，沟通也就成功了。

3.听觉型孩子

听觉型孩子思维严谨，逻辑性较强，表情通常不丰富。他们不轻易做出决定，但一旦做出决定，就不易反悔，并且喜欢依靠听觉来判断，平时喜欢说"嗯，听起来不错"。

跟听觉型孩子沟通时，要记住三点。

（1）把他带到寂静的地方。听觉型孩子非常依赖听觉，如果周围有杂音或有太多背景声音，他们就需要消耗精力去处理外界信息，这时候是没有办法好好沟通的。所以，与听觉型孩子聊天时，要选择轻柔一些的背景音乐。

（2）讲话要非常有条理。听觉型孩子喜欢有逻辑的表达方式。最好的做法是，讲话时采用条列式的方式，如1、2、3进行说明。

（3）与听觉型孩子沟通，不需要展示太多画面，声音才是关键。注意，声音不能太尖锐，一定要足够柔和；语调不能太平铺直叙，一定要抑扬顿挫。比如，可以这样跟他讲："妈妈那天看到你帮助了那个孩子，你把他扶起来了，哇，在那一刻你真的很棒！"

以上三种类型的孩子，要根据他们的特点，选择正确的沟通方式，这样才能让他们在沟通过程中感到舒服。

互动的产生需满足两个条件

（一）互动是平等的

父母是孩子的监护人和抚养人，在人格方面，父母与孩子是平等的，孩子的人格尊严和人身权利是受法律保护的。在亲子互动中，父母没有权力辱骂孩子，伤害孩子的人格尊严，更没有权力殴打孩子，伤害孩子的身体。父母应该坚持平等的原则与孩子相处。

1.降低姿态

亲子互动时，父母要降低姿态。当然，这里的降低姿态不是指在形式上蹲下来，而是发自内心地把孩子当成独立的思维个体，全然接受他们。

2.耐心倾听

当孩子讲话时，我们要耐心倾听，不要打断他们，等他们表达完再提出自己的观点。如果想保持良性沟通，应先认同孩子的部分表述，再提出异议部分，并给出理由或者方案，还要留出两种观点融合的空间。

3. 积极思考

面对孩子的问题，不能敷衍了事，要进行有立场的积极思考，给出自己的想法和建议，甚至站在孩子的角度展开更丰富的联想，对孩子进行更宽广的引导。

4. 开放式问题

父母要使用开放式问题鼓励孩子表达自己的感受和想法。如果不能回答孩子提出的开放式问题，就向孩子坦诚表达，一起去寻找答案，给孩子树立遇到困难解决困难的信心。

5. 真诚对待孩子

认真对待孩子的感受和想法，也要真诚表达自己的感受，因为孩子的知觉比我们想象的更灵敏。但根据孩子的年龄，有些问题需要使用他们所处年龄阶段能够接受的语言进行表达。

6. 尊重孩子的选择

孩子需要在不断的决策中完成社会适应与发展。在讨论涉及孩子的决策时，要尊重孩子的选择和意愿，并在合适的时间给予适当的引导。需要注意的是，在面对重大事件时，要在理解孩子的基础上提供有限选择，因为无限选择可能会让孩子不知所措，产生无力感，或者让孩子因为最终无法实现自己的选择而失去对父母的信任。

7. 共享决策

在可能的情况下，让孩子参与家庭事务的决策过程，比如，让孩子决定周末活动，这会让孩子感受到与家同在，认可自己是家庭成员，并且有价值。

8.正面反馈

即使是在孩子需要被纠正的时候，也要尽可能地以积极正面的方式提供反馈。事物都有两面性，父母要引导孩子分析可能性或可行性，协助孩子学会客观分析事情，这是成长的必要环节。

9.保持一致性

在规则设定和日常交流中保持一致性，以免让孩子感到混乱。

（二）互动是双方的

美国心理学家马歇尔·卢森堡说："当我们的语言和表达方式倾向于忽视人的感受和需要，以致彼此疏远和伤害时，这种沟通方式会让人难以体会到心中的爱。"有效的互动和沟通一定是双向的，是亲子双方感受与想法的交换和碰撞，只有秉持互相尊重和理解的原则，最终才能达到解决问题的目的。

互动中的双方，既是给予者，也是接受者。你说我听，我说你听，双方以善意、开放的心态，真诚地表达自己的想法和感受，同时倾听对方的想法和感受。如果双方想法有分歧，就要努力站在对方的立场上理解对方，包容对方，求同存异，激起双方的情感共鸣。

1.学会倾听

学会倾听比给别人讲道理更重要。在倾听时，父母一定要设身处地地理解孩子的想法和感受。比如，当孩子倾诉学习或生活中的苦恼、忧愁或兴奋时，父母不要动辄勃然大怒、说教责备，而要转换角色，换位思考，帮助孩子分析和解决问题。因为很多时候孩子只是想诉说而已，扮演合格的听众是父母最恰当的选择。

（1）认真听。当孩子想说话的时候，父母要放下手中的事情，看着孩子的眼睛，全神贯注地听他说。比如，父母可以自然地用眼神表达吃惊或愉悦，甚至可以用微笑、点头或拍一拍孩子的方式，鼓励孩子表达。孩子意识到你在认真听，就会放松下来，继而顺利地表达、愉快地诉说。这么做能让孩子产生被尊重的感觉，语言表达能力也会得到提升。

（2）不打断。习惯性地以成人的思维看待孩子的行为，又没有耐心把孩子的话听完，难免会出现错怪、误解甚至伤害孩子的情形。作为父母，我们不要用成人的思维推断孩子的行为，更不要急于否定孩子，既要听孩子把话说完，也要让孩子把事情做完。

（3）仔细看。倾听时，父母要留意非语言信息，比如孩子的面部表情、语调、姿势等。只有洞察孩子的情绪，才能更好地理解孩子。

2.感恩孩子

每个孩子都是独立的个体，孩子付出后也渴望得到别人的认可。如果父母能看见孩子的付出，真诚地向孩子表达感谢，孩子会觉得他对父母很重要，很有价值。孩子感受到父母的爱，就会充满力量，从而更加坦然地面对未来。

父母向孩子表达感谢，不仅能给孩子传递平等的观念，也能唤醒孩子的感恩意识。青春期孩子情感热烈，每当传统节日或父母生日等节点，他们通常会手写贺卡、自制礼品、购买礼物等表达对父母的感谢，不一定贵重，但心意满满，父母不能无动于衷、熟视无睹，而要像对待成人朋友的付出一样满怀谢意。即使是一个爱的眼神交流，也会让孩子感到温暖。

3. 学会赞美

孩子寻求父母的关心是天性，缺少父母的正面关注，孩子就会越来越不听话，试图通过被父母斥责来获得负面关注。我们要善于发现孩子的进步和特长，不失时机地予以肯定和赞美，让孩子在充满正能量的家庭生活氛围中快乐成长、健康成才。

4. 善于共情

善于共情，就能将话说到孩子的心坎上，令他产生共鸣，从而达到最佳的互动效果。此外，还能帮助孩子解决青春期成长的烦恼，引导他们收获阳光快乐、自信自立的美好人生。

（1）当孩子获得了好成绩时，父母的一句"你考得真好，你一定很努力吧，继续加油哦！"会让孩子敢于挑战更难的任务，成长得更快。

（2）当孩子尝试有挑战性的任务时，比如破围棋棋局、尝试攀岩，哪怕他多次尝试多次失败，也要肯定他的耐心和毅力。相比"加油，你一定可以的！"而言，"坚持就是最大的成功，表现不错，继续加油！"更能够给孩子鼓励，并且不会给孩子带来太大压力，让孩子成功的可能性更大。

（3）当孩子的能力在某种程度上得到提高时，记得表扬细节，越具体越好。例如："你现在的游泳姿势更标准，换气频率更均匀，与之前相比取得了很大的进步！"这样的赞扬方式，更能让孩子注意到进步的细节，而细节是决定成败的关键。

（4）孩子的想象力是最丰富的，当孩子的天马行空得到认可时，他会更加愿意思考世界与生活。孩子的创意是创造性思维的积累。当孩子满心欢喜地与你分享他的创意时，一定要夸夸他。

（5）无论是学习、工作还是生活，态度决定品质。当孩子用很积极的态度完成任务时，一定要肯定他的态度。

（6）表扬孩子的合作精神非常重要，当孩子完成一项任务或一项运动时，告诉他："你们的小组齐心协力，为了共同的目标而努力，这种精神在以后的生活中也要继续保持哦！"

（7）有些事情不是完全由孩子完成的，例如孩子只负责管理，只要他做得很好，表现出很强的责任感和领导能力，就值得表扬。要让孩子知道，虽然他没有亲自参与每一步，但是他的付出对整体的成功至关重要。

（8）勇气既是孩子的外在表现，也是他们内心深处对自己的认知。当孩子敢于放开父母的手时，父母要鼓励孩子："敢于直面困难，这是最宝贵的品质！"这样的互动让孩子敢于冒险，充满自信，未来独立面对世界时也能坚定坦然。

（9）细节往往体现在小事上，细节又体现了孩子的综合素养和多角度思维。比如出去玩的时候，孩子记得带雨伞，父母应该表扬他细心周到。

（10）良好的信用是必须培养的品质，我们应该及时引导孩子明白诚信的重要性。例如，当和孩子有一个约定时，你可以说："我相信你，因为你以前说的话都兑现了。"或者"我相信你，你会找到一个好办法……"

（11）能够很好地完成任务，有时是因为努力，有时是因为我们做出了正确的选择。表扬孩子做出正确的选择，也是培养成长型思维的关键。

5. 积极回应

积极的回应是什么样的？

（1）不带任何评判。当孩子出现不满、愤怒、悲伤等负面情绪时，他需要的只是你的一个拥抱。这时候，我们不要说教，不要讲大道理，而要站在孩子的角度理解他、支持他、鼓励他。因为只有在情绪稳定后，孩子才能冷静下来思考你想传达的道理。

（2）确认感受，接纳情绪。共情的前提是我们承认孩子的感受是合理的，而不是急于否定，甚至可以支持孩子的情绪流露："你有这个感受是很合理的。""遇到这种事，确实会让人觉得很难过。""唉，确实太难了。"即使你不认可孩子的想法和行为，也依然能够通过这些话，在亲子之间建立起信任，同时让孩子更加积极地看待负面情绪。

（3）情感连接，传递支持。要告诉孩子"我懂你的情绪"，让他们感觉自己获得了关注与支持："我想你肯定很难受，需要妈妈做些什么吗？""我看得出来，你有点紧张，你可以拉住我的手。""我懂你的感受，我会陪着你，直到你感觉好一点。"这个过程不但有利于孩子平复心情，还能让亲子之间关系更加紧密，让父母真正成为孩子情绪的避风港。

第三章
走进孩子的世界，争做互动型父母

尊重孩子的选择

家庭互动的核心问题之一是对孩子不够尊重，干涉太多，保护太多。其实，父母若习惯性地以"为孩子好"的名义替其做选择，实则是对孩子最大的不尊重。青少年已经形成完整的自我认知并在不断探索自己，有独立的人格和选择的需求，父母重在引导而非帮忙做决定。

很多父母明知道应该尊重孩子，但在孩子做出不符合父母预期的"错误选择"时，父母还是忍不住要替孩子纠偏，替孩子重新做出看上去更有利的"正确选择"。表面上看，父母纠偏是"为了孩子好"，担心孩子做选择时犯错、承担不起选择的后果，但从深层次看，父母还没有真正理解尊重孩子的要义，把"监护人"当成了"代理人"。

父母不仅要重视自己的想法，更要给予孩子权利去选择，自由发展兴趣爱好。这种尊重不仅能够让孩子感受到自己被重视，还能培养他们的自信心和独立性。当孩子从自己热爱的选择中获得满足感时，更有可能展现出端正的学习态度，获得更强的驱动力。

此外，鼓励孩子提出问题、思考选择的后果，并做出决策，能够很好地锻炼他们的逻辑思维和解决问题的能力。这些能力将伴随他们一生，助力他们应对未来的挑战。

孩子是独立的个体，有自己的思想和感受。为了孩子能够更好地成长和发展，我们应该尊重孩子的选择。那么，尊重孩子的选择，到底应该怎么做呢？

1. 让孩子做自己的主人

随着人格的不断完善和独立，青少年开始意识到自己作为独立个体的权利和义务，渴望掌控自己的人生。看到孩子的成长，我们本应该感到欣慰，但很多父母却感到恐慌，因为孩子的独立意味着和父母的分离，意味着对父母的依赖越来越少。为了消除自己的恐慌，很多父母都不愿意放手。明智的父母会分辨什么是孩子需要的、什么是父母想要的，他们敢于放手，让孩子成为自己的主人。

既然要表现对孩子的尊重，就要从身边小事做起，耐心引导孩子，做出最适合自己的选择。比如，天气凉了，选择穿哪件衣服；空闲时间，看哪部电影；画画时，使用哪种颜色；和家人一起外出就餐时，点什么菜；新学期来临，买什么款式的书包；外出游玩，乘坐什么交通工具等。

我们要少对孩子说：

"你不应该相信这些。"

"你不应该这样想。"

"你不能这样做！"

"你必须这样做！"

"照我说的去做，快去！"

"你要是不这么做，你会后悔的！"

尤其是关系到孩子人生的重大选择，一定要听从孩子内心的声音。例如，选择读什么样的初中，选择交什么样的朋友等。现在很多孩子之所以有选择困难症，主要还是父母帮的太多，孩子不懂如何选择，也不具备选择的能力。

2.给孩子提供参与家庭决策的机会

培养孩子的选择能力，可以从家庭中的事情开始。作为家庭的主要成员之一，孩子有权利表达自己的想法和意见。和谐友爱的家庭愿意听取孩子的建议，不会忽视孩子的存在，更不会低估孩子的认知。

其实，让孩子参与家庭决策并不仅仅是尊重孩子，也是在引导孩子如何做出决策。这样孩子将来面对人生选择时才有能力做出正确的选择，促进自己的发展。

那么，如何让孩子参与家庭决策呢？

（1）直接告诉孩子，你希望他能参与家庭决策，并解释这对他成长的重要性。让孩子知道，你很重视他的意见。

（2）提供选择。在孩子做决策时，可以给他提供几个选项，让他在其中选择，也可以鼓励孩子提出自己的建议。这么做既能让孩子参与进来，又能培养他们的决策能力。

（3）倾听孩子的意见。当孩子提出自己的想法或建议时，父母不仅要认真倾听，还要给予积极的反馈。即使最后没有采纳孩子的建议，也要让孩子知道他们的意见是被认真考虑过的。

（4）解释决策过程。如果最后做出的决定，并没有采纳孩子提出的建议，或者跟孩子提出的建议相反，那么要认真地向孩子解释这样决策的原因，以便让他们理解决策背后的逻辑和考虑因素，未来更加积极地参与其他决策。

（5）鼓励孩子提问。鼓励孩子在家庭会议或日常交流中提问，不仅能让他们更深入地了解家庭事务，还能激发他们的好奇心和求知欲。

（6）给予正面激励。当孩子积极参与家庭决策并取得良好效果时，要及时给予正面激励，比如，表扬、奖励等，以便激发他们的积极性和自信心，让他们更加愿意参与未来的决策。

（7）创造轻松的氛围。在家庭决策过程中，创造轻松、愉快的氛围，孩子感到自在和放松，才能更加自由地表达自己的意见和想法。

3. 尊重孩子不等于放任

在亲子互动中，父母不能"为了尊重而尊重"，更不能走极端。智慧的父母在尊重孩子之前，会给孩子正确的引导，因为他们知道好的家庭互动不是生硬灌输，更不是放任不管，而是尊重孩子的成长规律，耐心陪伴孩子，激发孩子的内驱力，为孩子提供方法或指引方向。

因此，在日常互动中，父母要注意以下几个方面。

（1）给孩子立规矩。俗话说，"没有规矩，不成方圆"，父母应尝试为孩子设定一些规矩，在孩子心中建立"行为—后果"的自觉意识。一段时间后，孩子就能慢慢认识到做事是要付出代价的。长此以往，孩子就会遵纪守法，检视自己的行为，也就不会养成坏习惯了。

（2）注意孩子的言谈举止。在日常互动中，父母要多关注孩子的言行举止。当发现孩子遇到问题或生出烦恼时，父母要及时提出建议，引导孩子改正错误或解决问题。在这个过程中，孩子也会慢慢明白规则的重要性。

（3）借其他孩子唤起孩子的自尊。孩子们都有要好的小伙伴，他们相互模仿、彼此比较，不仅可以互相激励，还能彼此促进。因此，如果孩子比较懒，可以拿他跟身边勤快的同学做比较，让孩子知道自己与他人的差距，鼓励他们持续进步，缩小差距。

（4）给孩子设定一个目标。生活若没有理想和目标，跟咸鱼没什么不同！对待懒惰的孩子，积极有效的方法就是赋予责任，给孩子设定一个通过努力能够达成的目标，让他们体会勤奋带来的喜悦，感受忙碌的成就感，孩子就会变得更加主动、乐观。

忘掉身份，放下架子

可能是受"父为子纲"的封建观念的影响，很多父母与孩子之间难以实现平等对话。因此，虽然"父母与孩子在人格上是平等的"这个观念已倡导了很多年，但实际落地效果并不理想。

女儿出生后，刘某对女儿倾注了全部的爱，在女儿身上寄托了无数美好愿望。女儿一天天长大，如今已经升入高二，刘某十分开心。

刘某在一所初中教授语文，深知"娇惯"给孩子带来的危害，所以她对女儿的要求十分严格，有时甚至忽略了女儿的感受。平时，女儿很怕刘某，刘某并不觉得这有什么不好。可是，之后发生的一件事情却让她改变了对待女儿的态度。

那天晚上11时许，劳累了一天的刘某想要立刻上床休息，可是女儿还在兴致勃勃地玩手机。刘某耐着性子对女儿说："时间到了，咱们睡觉！"女儿摇摇头，继续玩手机。

刘某有点生气，不由分说地一把抢过女儿的手机，女儿的眼睛一下子就红了。刘某心软了，心想：还是再让她玩一会儿吧！白天学习也挺累的！于是，她将手机还给了女儿。

半个小时后，刘某再次催促女儿睡觉，女儿的精神头却越来越大，还是不愿意睡。刘某火冒三丈，开始高声责骂孩子，但女儿根本就不搭理她。刘某更加恼火。

女儿的这一举动让刘某陷入沉思：孩子已经长大，有了自己的思想，是独立的生命个体。虽说自己让孩子睡觉的动机没错，但采取的方式却让孩子无法接受。不能仗着是父母，就粗暴地要求孩子按照自己的意愿行事。

不可否认，刘某的反思是正确的！在孩子面前，父母应该坚持原则，不能太娇惯孩子。但是，这并不代表父母可以太过强势。试想，在孩子小时候，父母用强硬方式沟通，等孩子长得比父母还高、力气还大，他们很可能会用从父母那里学到的方式对待父母或他人呢。

我们要想教育好孩子，首先应该放下父母的架子，建立理智的态度，真正走进孩子的内心世界。孩子感受到来自父母的尊重，才能打心底尊敬父母，也会变得更加懂事。做到这一点，在父母眼中，孩子就不是什么都不懂的毛孩子了；同样，在孩子眼中，父母也不再是高高在上的"统治者"了。

将传统"君臣"模式的权力结构代入亲子关系，父母自视为家中的绝对权威，孩子被迫扮演顺从的角色，孩子的任何质疑与挑战都可能招致严厉的打压。在这种氛围下，孩子只能变得隐忍与沉默，在心中种下不安与自卑的种子。父母只有放低姿态，以平等的心态对待孩子，孩子才会觉得父母尊重自己、理解自己，才愿意对父母敞开心扉，与父母无所不谈，也才乐意接受父母的教育。

1.放下父母的高姿态

父母只有放下高姿态，才能和孩子平等交流。

我们都是从孩子一步步成长过来的，也曾感受过家里大人的权威。如果我们从老一辈身上学习到"父母是家里的权威，可以跟孩子摆架子"，就会以居高临下的姿态命令自己的孩子去做什么或不做什么。但如今时代已经不同，孩子们更崇尚自由，也许一次两次命令孩子没问题，但长期不平等的交流只会让父母的权威消失，让父母和孩子之间产生隔阂。

亲子之间缺少平等互动的机会，孩子在父母面前就会畏畏缩缩，不敢说出自己的想法。在这样的情况下，孩子可能会撒谎，甚至会出现顶撞父母的现象。

2.孩子需要平等互动

当孩子的成长出现问题的时候，父母要放下架子，和孩子真诚地、平等地互动，这样才能真正地走进孩子的内心。要想发现孩子的问题，帮助孩子及时改正，就要做到尊重孩子，与孩子平等交流，而不是独断专行。

在人格上，孩子和父母是平等的，应当受到尊重。我们要把孩子当成独立的个体，尊重他们，与他们平等交流。如此，孩子才能感受到成长的满足感，获得和成人同等的自尊和发言权，促进心智成熟。父母要学会平等地对待孩子，和孩子相处时，不是父母下达命令孩子就必须执行，而是要明白孩子的想法，也要让孩子明白父母的用意。同时，父母要考虑到孩子的意愿，判断孩子是否想这样做。

3. 父母和孩子是相互成全

父母和孩子之间不是统治和被统治的关系，应该像朋友一样平等相处。当然，这并不意味着父母完全迁就孩子。在教育孩子的过程中，父母要负起引导责任；同时，孩子要体谅父母的苦心。

亲子之间相互体谅，共同成长，才是亲子关系的最好模式。

多些耐心，孩子更自信

网络上有人说："孩子问你十万个为什么，你没有耐心回答，就会毁掉孩子的好奇心。"这句话深深地触动了郭某，因为她也曾有过无数个"为什么"。如今，她的孩子也开启了好奇探索模式。郭某深刻意识到，守护孩子的好奇心和求知欲，是父母的重要功课。

有一次，女儿问郭某："妈妈，为什么天空是蓝色的？"

郭某耐心地解释了光的折射原理和大气层的作用，女儿听得津津有味。

女儿又问:"为什么小草是绿色的?"郭某却草草应付,没有深入讲解。现在回想起来,郭某真的很后悔。

孩子的好奇心是宝贵的,他们渴望得到答案,父母应该尽可能地满足他们的求知欲。每一个"为什么"都代表着孩子的思考和探索,他们可能是在了解周围的世界,也可能是在寻找一些问题的答案。作为父母,我们应该耐心倾听,引导他们深入思考,让他们感受到我们的支持和鼓励。

现代生活压力很大,尤其是年轻的父母们,既要忙工作,又要忙家庭琐事,还要忙着照顾孩子和老人。孩子们却像挑战底线一样,渐渐让我们失去了"好脾气":你忙得焦头烂额,扭头一看,却发现牛奶洒了一地;你急着出门,孩子却在慢腾腾地穿衣系鞋;你对孩子抱着殷切希望,他却次次考试不及格……这些瞬间都很容易让父母情绪失控。

跟孩子互动,最考验父母的耐心。当孩子有情绪或想法时,他们需要有一个安全的氛围来表达,如果父母因为不耐烦或不理解而打断孩子,就会让孩子失去表达的勇气。相反,如果父母能够耐心地倾听,并给予积极的回应和支持,孩子的表达欲就会被激发,沟通能力也会得到提升。

作为父母,要有和孩子一同成长的勇气。面对青春期的孩子,我们更要有耐心。现实中,有耐心的父母通常都能做到以下几点。

1.敢于直面孩子的问题

有问题并不可怕,可怕的是父母缺乏面对问题的勇气。通常来说,孩子出现的问题都属于成长过程中的阶段性问题,完全可以随着孩子的成长逐步解决。

面对孩子出现的问题，父母不要如临大敌，不要责备孩子，更不要生孩子的气；同时，也不要置身事外，好像与自己无关，任由孩子独自承受压力。这两种做法都不利于孩子的健康成长。试想，孩子遇到难题，如果连最亲近的父母都不愿意帮他解决，还有谁能帮他呢？

2. 主动倾听孩子的心声

倾听的核心在于尊重孩子的感受和期盼。

遇到问题时，许多孩子不愿把自己的心里话告诉父母，主要原因就是父母不愿倾听或假倾听，不把孩子的事当回事，导致孩子无法从父母那里得到应有的尊重。很多时候，在成人看来不起眼的小事，在孩子心中却是重若千钧的大事。

情感依恋是家庭的重要功能，孩子不愿把心里话告诉父母，只能告诉同学或姐妹，这恰恰反映了孩子对父母的安全依恋水平比较低。

3. 放慢你的节奏

父母的急躁通常源于生活节奏带来的压力。工作、家务、社交让我们疲惫不堪，面对孩子的"慢动作"时更容易失去耐心。但孩子的世界原本就比成人慢，正是在这种慢节奏中，他们才能发现更多的乐趣，培养创造力。因此，我们要试着放慢自己的脚步，接纳孩子的节奏。

4. 接纳孩子的不完美

每个孩子都会犯错，也都有自己的短板。父母需要接受孩子的不完美，理解成长的过程就是反复试错的过程。当孩子犯错时，不要急着责骂，而要冷静地引导他们："发生了什么？""下次能否做得更好？""需要什么帮助？"记住，耐心地解决问题，比一味指责更有助于孩子的成长。

5.调整自己的情绪

父母不耐烦,很多时候并不是孩子的问题,而是自身情绪没有调整好。当你感觉到烦躁时,可以尝试以下方法:呼吸,给自己几秒钟冷静下来;离开现场片刻,等情绪平复后再沟通;反思自己的期待,是否对孩子过于苛刻。记住,只有情绪稳定的父母,才能给孩子提供稳定的支持。

6.关注孩子的努力,而不是结果

孩子的成长并不是一蹴而就的,他们需要时间来积累能力。父母应该更多关注孩子成长的过程,而不是一味地追求结果。比如,孩子数学考试没考好,不要只看到分数,而是要关注他努力的过程:他是不是认真完成了作业?有没有积极面对困难?哪些地方还可以改进?……父母的这种耐心,会让孩子感受到理解,也更愿意主动改进。

看到孩子的个性差异

每个孩子的家族基因不同,成长的环境也不同,哪怕是来自同一个家庭的兄弟姐妹,因为排行不同、互动的人不一样,他们的境遇和表现也有差别。即使是双胞胎,他们的所见、所闻、所遇也不完全相同。

前段时间,张女士向杜女士分享了一个她曾经的忧虑。张女士说:"过去,我会为儿子担忧,因为我感觉他没有什么特长。你看,你儿子喜欢绘画,擅长体育运动,拼积木可以连续坐五六个钟头。我儿子既不爱绘画,也不擅长体育运动,做什么似乎都只有三分钟热度,不能坚持……不过这个担心,在'五一'后,我就彻底地放下了。"听到张女士的话,杜女士为张女士终于能看见自己孩子的独特天赋而开心。同时,杜女士也忍不住感慨:父母在发现孩子的独特性方面真是太迟钝了。

在杜女士看来,张女士的儿子就是一个"行走的能量球"。这孩子喜欢阅读,理解能力和表达能力极好,讲故事信手拈来,幽默又有趣,不管走到哪儿都是焦点。但是之前,张女士看不到儿子的这些优点。直到"五一"假期,孩子们即兴举办了一场家庭晚会后,张女士才惊讶地发现,她的儿子就是舞台上最闪亮的那颗星。

那天,张女士和杜女士带着孩子们逛了一天购物中心,回到家后,孩子们还是精力旺盛,生龙活虎。看到孩子们有用不完的精力,张女士和杜女士灵机一动,与其让孩子们捣乱,不如给他们找点事情做。于是,她们对孩子们说:"既然不累,咱们就开个家庭晚会吧。你们可以设计晚会宣传海报,如果足够吸引人,我们可以支付门票。"

孩子们一听,来了兴致。很快,他们就开始策划晚会,并各自设计了海报,成功说服两个妈妈参加他们的晚会。妈妈们很愿意付10元门票钱,观看孩子们的演出。

吃完饭后,张女士、杜女士和孩子们一样兴奋,她们坐在"舞台"前等待观看孩子们的演出。孩子们激情澎湃,各司其职,井然有序。先是弹唱热场,接着歌舞、双人击剑、讲故事、讲笑话,妈妈们笑得前仰后合,激动之余,每个人又追加了6块钱的门票,以此表达她们的喜欢和赞赏。

通过这次"演出",杜女士和张女士发现两个孩子的气质和个性完全不同。张女士的儿子是全能型人才,能编,能说,能唱,能演,能调动现场气氛，一人担任多个角色。杜女士的儿子则属帅酷型，拿着吉他往那儿一站，就很有范儿。这次演出，让张女士彻底改变了对儿子的看法。她说，她太开心了，也终于把积压很多年的担心放下了。

每个孩子都是独特的，每个孩子都有自己的天赋和才华。只不过，才华聚焦的领域不同，有些孩子的天赋和热情扎根物质世界，有些孩子着眼于人与社会，还有的孩子在精神文化领域闪闪发光。

每个孩子有着不同的兴趣爱好、性格特点和天赋潜能。有的孩子天生安静内敛，喜欢独自阅读和思考；有的孩子外向活泼，热衷于参加各种社交活动；有的孩子对艺术有着敏锐的感知力，擅长绘画、音乐；有的孩子逻辑思维强，对数学、科学充满兴趣。

父母要尊重这些差异，不要将自己的期望强加于孩子，要让他们按照自己的节奏和喜好发展。例如，孩子喜欢绘画而非数学，就不能强迫他们在数学上投入过多精力，而要支持他们在绘画领域发挥特长，为他们提供学习的资源和展示的平台。

社会是多元的，尊重孩子就要尊重他们的个性。在亲子互动中，如何尊重孩子的个性呢？

1. 观察与倾听

父母要用心观察孩子的行为和言语，了解他们的兴趣爱好、天赋和潜能。同时，也要倾听孩子的想法和意见，尊重他们的选择和决定。

2. 引导与鼓励

了解孩子的个性后，父母要引导孩子培养自己的兴趣、发挥自己的特长。同时，也要鼓励孩子勇于尝试新事物，敢于挑战自己。在孩子遇到困难和挫折时,给予他们足够的支持和鼓励,让他们学会从失败中吸取教训,不断成长。

3.尊重与包容

尊重孩子的个性并不意味着放任他们无所顾忌。在尊重孩子的同时,要教育他们遵守社会规则和道德规范。同时,还要包容孩子的缺点和不足,给予他们成长的时间和空间。

4.多元化发展

每个孩子都有自己的优势和劣势,父母要鼓励孩子在多个领域进行尝试和探索,通过多元化发展,发现自己的潜力和兴趣所在,为未来的成长打下坚实的基础。

跟孩子一起吃喝玩乐

(一)吃孩子想吃的

人生最幸福的,莫过于一家人在烟火味里彼此守候。

研究发现,大部分青少年都喜欢跟父母一起吃饭,他们认为这样做能增进彼此之间的感情,营造轻松愉悦的家庭氛围。那么,如何通过一起吃饭,走进孩子的世界呢?

1.亲子菜谱

拟订菜谱时,父母可以与孩子商量,不能一味以孩子的喜好为中心。既要注重营养搭配,又要讲究饮食均衡。比如,荤素搭配、主副搭配、颜色搭配等。搭配有度，合理饮食，孩子才能营养均衡，吃得健康。

中华民族的传统节日，是凝聚亲情的绝佳时机。比如，在春节、元宵节、中秋节等节日里，父母可以与孩子一起讨论节日菜谱，并借机了解节日的由来、风俗和意义。再如，在父亲节、母亲节、家人的生日等特别的日子里，也可以规划出一家人独有的菜谱，让仪式感融入日常。

2. 亲子烹饪

即使普通的食材，只要家人一起参与制作，感觉就不一样。做饭的时候，可以让孩子剥青豆、择芹菜叶子、洗青菜等，因为自己亲手准备的食材，吃起来更有味道。孩子做了力所能及的家务，体会到劳动的艰辛和父母的辛苦，就能培养出责任感。

加工食材时，要想办法让孩子爱吃，除了把握火候、调配调料，还要注重艺术性，比如：

把饭菜做成孩子喜欢的动物形状，用趣味吃法调动积极性；

教孩子做蔬菜、水果拼盘或沙拉，让孩子发现吃能跳出常规，充满创造性；

让孩子观看做菜视频，学做一两道简单的菜肴，体会满满的成就感；

让孩子当助手，定期烹饪一些家乡特色菜或研发出几道家庭特色菜，把吃饭变成传承与创造的温馨时刻。

3. 亲子就餐

（1）相聚，在每天的餐桌上。众多营养专家通过研究证实，家人共同进餐有利于健康。在一项针对家庭共餐的长期研究中，研究人员发现，全家人共同就餐能够鼓励青少年养成健康的饮食习惯，选择食用营养食品。

那些一周要和父母共餐5次及以上的孩子，5年后他们的饮食中会包含大量的蔬菜，以及富含钙、纤维和矿物质的食物，这对于孩子的生长发育非常有利。

（2）快乐，在每天的餐桌上。亲子就餐时光，是交流的好机会，是给全家带来快乐的黄金时段。研究表明，与家人一起进餐有助于在父母和孩子之间建立起一种强大的纽带，让全家人共同享受就餐的快乐。

（3）有些事情不能聊。不能聊什么？饭桌上不要教训孩子。很多时候，父母的本意是好的，想抽点时间教育孩子。可是，聊天的内容动不动就是"这次考了多少分""别人家孩子怎么那么听话""你怎么一点都不懂事"。在这种情况下，孩子怎么可能有吃饭的欲望呢？时间长了，孩子还可能把"吃饭"和"挨训"联系在一起，变得排斥吃饭，严重者还会引发厌食。

可以聊什么？多谈些让人愉快、开心的话题，能对身心起到一定积极作用的话题。可以让孩子讲讲自己遇到的高兴的事情，或交了哪些新朋友。如果在交谈中发现孩子有做得不对之处，父母可以纠正，但不要训斥。

（二）玩孩子想玩的

爱玩是孩子的天性，对于学龄前儿童来说，玩耍是他们主要的"功课"，对于青春期的孩子来说，玩耍依然很重要。在玩耍的过程中，孩子不仅能与外部世界建立联系，还能培养和发展交际能力、语言能力等多方面的技能。但是玩耍不是孩子一个人的活动，父母应该学会与孩子一起玩耍，帮助他们在玩耍的过程中学习和成长。

为了更好地融入,最好玩一些孩子们感兴趣的游戏。因为一个人如果有自己喜欢的东西,就能拥有一种热情、一种生命的能量和一种向上的力量。对于自己喜欢的事情,不需要父母过多催促,孩子们自然会主动追求。在兴趣的驱使下,孩子们受到好奇心和探索欲的驱使会把事情搞明白,会锲而不舍地深刻钻研,并充分享受过程中的快乐。

孩子的兴趣获得父母的支持,有助于增强孩子的专注力,促进亲子关系的和谐发展。因此,父母可以通过观察孩子的日常行为和喜好,发现他们的兴趣所在。这些兴趣点可以成为亲子活动的基础。

1.支持孩子的兴趣爱好

父母要做自己能做的,支持孩子打开一个全新的小世界,比如:孩子爱好音乐、美术、体育等,可以给孩子报相关的培训班,带孩子参加一些相关的活动。孩子喜欢种植,不妨在阳台上布置一个小菜园。孩子热衷于挑战,就多带他去户外探索,多购买相关书籍。孩子喜欢动物,就带他去动物园。

2.帮助孩子发现兴趣爱好

很多孩子没有明确的兴趣爱好,父母要多带孩子体验不同的活动,常见的有体育、音乐、美术、户外,参观各种博物馆、各种展览等,并观察孩子对哪些事物表现出浓厚的兴趣,从而进一步引导。

3.参与到孩子的兴趣爱好中

如果条件允许,父母可以参与到孩子的兴趣爱好中。这不仅是支持孩子的爱好,而且可以增进亲子关系,同时自己也会获得一份快乐。想象自己与孩子来一次四手联弹,与孩子共同培育一个小花园……这些都是很美好的事情。

4. 与孩子分享自己的兴趣爱好

不管父母是否和孩子有共同的兴趣爱好，都可以把自己小时候的爱好、现在的爱好，以及和爱好相关的那些难忘的事、有趣的事与孩子分享。

5. 为孩子提供支持与资源扩展

提供支持与资源扩展，是培养孩子兴趣的重要一环。父母应该给予孩子充分的关注和支持，鼓励他们积极探索和发展自己的兴趣。

父母可以陪伴孩子一起参加相关的活动、课程或社团，提供必要的材料和器材；还可以与孩子分享相关的电影或音乐等资源，激发他们的学习兴趣。

（三）说孩子想说的

两个人或几个人之间，要想聊得起来，首先得有"共同话题"。也就是说，一个人说的内容，别人恰好也感兴趣、有观点、能贡献内容，且能表达态度、引起共鸣。如果对彼此的话题毫无兴趣，说话的人就不免觉得是鸡同鸭讲、对牛弹琴，自然就没什么兴致再聊下去了。

孩子聊天的内容通常与他们生活中感兴趣的人、事、物有关，因此在跟孩子聊天时，最好说一些孩子感兴趣的词汇及话语。

1. 由孩子主导话题，大人跟着孩子的兴趣走

如果父母只想和孩子聊父母关心的事，亲子之间是很难聊得起来的。比如，父母说："我们来谈谈你这学期如何提高学习成绩。"孩子听到这句话，估计马上就能知道大人要说什么，哪里还有聊天的兴致。

要想和孩子有共同话题，我们就得跟着孩子的兴趣走，让话题来自孩

子，而不是大人，比如："我们今天的3D打印课学了……""嘿，今天我同学某某……"无论孩子如何开场，我们都要立刻表现出兴趣："学了什么？""你的那位同学发生什么好玩的事了？"

孩子的话题可能五花八门，天马行空，没关系，我们要随着孩子的兴趣聊。聊什么都没关系，重要的是聊天本身。

2. 对孩子的话题表现出兴趣，不泼冷水

孩子感兴趣的，大人未必感兴趣，甚至孩子说的有些话题，父母还持反对态度。比如，很多父母不喜欢孩子谈论电脑游戏。但要想让孩子愿意和大人聊天，即使是遇到我们不感兴趣的话题，也不要给孩子泼冷水："这有什么好说的？！""又说游戏，你关心点别的好不好？！"面对这样的聊天对象，看到父母这样的反应，孩子怎么可能有兴致再继续和你说呢？

在孩子成长的过程中，做个不泼冷水、不煞风景的聊天对象，一家人才能养成经常交流的习惯，到了青春期，孩子才不会"和你没什么好说的"。

3. 大人不了解的话题，赶快去"补课"

孩子的兴趣，通常都和他们的阅读进程有关，且常常持续很长时间。比如，孩子前一阵子喜欢读《三国演义》、看三国电视剧，因此餐桌上大家谈论的内容都是三国故事和三国人物。之后，孩子迷上了《三体》，家人就开始聊三体；接着，孩子开始看《明朝那些事儿》，话题就又变成了明朝各位皇帝和大臣。

其实孩子谈论的事，大人未必都了解，在孩子读《三体》之前，父母可能对什么是三体一无所知；在孩子读《明朝那些事儿》之前，父母也对那段历史不太了解。为了跟上孩子的节奏，父母立刻"恶补"知识。等孩子发现爸爸居然能头头是道地说三体了，妈妈也能讲一两个明朝皇帝的小趣事了，聊天兴致就会大增。

4. 虚心向孩子请教

无论大人多么勤奋，多么有好奇心，有些话题还是专属于孩子的，大人再"恶补"也难触及。这时候就得虚心向孩子请教："这事儿爸妈搞不明白，你给我们说说？"看到父母向自己虚心求教，孩子的成就感立刻倍增，很可能滔滔不绝地给父母讲上半天。从孩子那里，父母就能知道很多以前全无概念的事，比如，游戏主播的生存方式、电子竞技为什么会有职业选手等。

第四章
用正确的互动方法，积极与孩子联动

聊天：主动跟孩子聊聊天

聊天通常给人的感觉是很轻松，没什么压力。日常聊天形态多样，有常规沟通，也有出于好奇衍生的八卦闲谈、侃大山，甚至还有嚼舌根、论是非的情况，形式和叫法五花八门、多种多样。我们如何跟孩子聊天呢？

看看如下例子。

孩子："妈妈，我想和你说件事。"

妈妈："好呀，你说说看。"

孩子："妈，我想买双新鞋。"

妈妈："买哪种鞋子？你能不能说得具体一些？"

孩子："就是跑步的时候穿的，鞋底有钉子的。"

妈妈："专门跑步的鞋子啊，你要用来做什么呢？"

孩子："下周学校开运动会，我想参加短跑比赛。"

妈妈："你们学校还开运动会呢？都有哪些参赛项目？"

孩子:"活动可多了,有学生运动会、趣味运动比赛……我在班级里跑步快,大家都让我参加一百米短跑比赛……"

妈妈从孩子滔滔不绝的话语当中,捕捉到许多有用的信息,自然也就知道了孩子买新鞋背后的原因。

跟孩子聊天,听起来是一件再正常不过的事情,但仍然有很多父母硬生生把"聊天"变成了"说教",使沟通效果大打折扣。其实,只要掌握了一定的话术技巧,和孩子聊天一点也不难。

1. 问"小"不问"大"

孩子的思维跟大人不一样,他们很难理解抽象的问题,也很难对抽象的问题做出回答。因此,想要了解孩子的概况,就要尽量避开"抽象""大范围"的问题,询问一些很简单、有答案的问题,且从细节开始。

比如,想了解孩子的在校情况,不要问:"你今天在学校过得如何?""你今天在学校做了什么?"……对于这种问题,孩子很难回答,或只会简单回答"还好""没做什么"。这样问,聊天很难持续下去。

可以改问:"你今天在学校上了哪些课?"当孩子说出数学、音乐、语文的时候,你就接着问:"哦!那语文课今天教什么了?"

孩子会接着回答问题:"教古诗啊!有李白、杜甫、白居易。"

"哦!那音乐课是不是更有趣一些?"……

这时候,你可以借机了解他今天做了些什么,并持续交谈下去。

2. 从别人的事谈起

从别人的事谈起是一个很好的聊天方法。

女儿升入初中后,妈妈想知道她在学校的状况,于是采用了迂回战术。

妈妈问："你们班上最调皮的同学是谁呀？"

女儿说了一个名字。

"他做了些什么事惹老师生气了呢？"

女儿如数家珍地说："上课讲话啊！还有昨天拿东西丢同学的头。"

"那老师是怎么处理的？"

"老师罚他站着！"

"站了多久？"

"站到下课！可惨了。"

"啊！真的呀！一直站着不能坐，脚一定很酸。"

"对啊，下课也不能出去玩！"

"那你有没有被老师批评过？"

"没有！我很乖。"

"哦！所以你没有被老师罚过站喽？"

女儿迟疑了一下。

妈妈立刻说："你也被罚过站啊？有没有哭呀？"

女儿摇摇头说："没有。"

妈妈接着问："你都没有哭啊，很勇敢。也是因为上课随便讲话吗？"

女儿说："是啊，不过还好只罚站了一小会儿。"

从这样的一段对话中，妈妈巧妙获取了不少信息——女儿对老师的看法、上课的情形，以及老师如何处置孩子的调皮行为等。

3. 不要否定，只要共情

大人跟孩子聊天很容易发生的一个状况，就是大人喜欢否定孩子的感受。这样是不对的！

当孩子说"地理课无聊死了"时，别急着反驳："地理课不无聊啊！天气、气象非常有趣……"只要这样一说，这个话题就聊不下去了！因为当孩子觉得父母并不认同他说的话时，会将后面的话咽回去。

换成共情的回应试试："哦，地理很无聊啊，你可以告诉我是什么让你觉得无聊吗？"

孩子可能会竹筒倒豆子："我本来以为地理课可以出去看天气、观察地质之类的，结果都是坐在教室里上课，所以感觉很无聊。"

父母要保持中立的语调、共情孩子的态度，这样才能知道孩子更多的想法，了解他的需求，进而帮助他解决问题。

4. 不要说教，只要倾听

和孩子聊天，最忌讳的就是说教。对于任何话题的聊天，只要变成说教与听训，就会无趣到极点！所以，聊天时要对孩子或话题保持高度的兴趣，多询问、少评论，多说"你"，少说"我"，这样才能让话题继续下去。请看下面的例子。

孩子说："妈，XXX今天打我。"

"哦，为什么呀？"

"因为我要玩恐龙，他不准我拿。"

"那你是怎么做的？"

"我就去玩别的了。"

"你怎么不告诉老师呢？我不是教过你，别人欺侮你就去告诉老师吗？你也可以跟他说，公共的玩具大家都可以玩啊！妈妈不是跟你说过吗？"

采取这样的聊天方式，话题肯定会戛然而止，孩子也会紧闭双唇，不再多说一句。

此时，不妨继续询问："哦，那你心里有没有觉得很不舒服？"或"那你还想玩恐龙的话怎么办呢？"……这时，你就会听到他真正的想法："还好啦，我想让他先玩，等他玩完我再玩。"或是"我很生气啊！所以我就跟他说不跟他玩了。"

5.注意肢体语言

聊天时，肢体语言也很重要。适当的肢体语言，会让孩子觉得你重视他，想和他聊天。除非是在开车，否则在和孩子聊天时，要尽量以平视的目光注视着他。如果孩子还小，就蹲下来；如果是大孩子，就拉着他的手坐下来。即使正忙着叠衣服、洗碗，在跟孩子讲话时，也要时时转头看他的表情。因为注视别人、专心倾听，就表示你很在乎跟他说话。

孩子对于肢体语言很敏感，父母一边跟他谈话一边敷衍地说着"嗯、啊、哦"，或眼睛一边盯着手机一边听他说话，都无法鼓励他好好聊天，甚至还会引发孩子的抗议："妈妈，你都没有专心听我说。"

另外，多数孩子都喜欢亲密接触，比如，握握他的手，摸摸他的头，搂搂他的肩，揉揉他的颈背，顺顺他的头发，拍拍他的背等。和熟悉的孩子聊天时，适当地使用一些肢体语言，聊天时更容易产生正面效果。

最后，需要提醒是：

（1）跟孩子聊天时，如果孩子说出的是一些令你惊讶、反感的事，别慌！要"不动声色"，稳住声调，假装毫不在意，先听孩子把说话完。

（2）在尚未弄明白事情真相或尚未想出应对之道时，先保持朋友般的倾听。

（3）最好把说教讲道理与聊天分开，让孩子在聊天时畅所欲言，把心里话都掏给你。

协商：遇到问题，一起商量

晚上下班快到家时，李先生收到爱人的信息："你儿子又不想上晚上的英语课，正在闹呢，你快到家了吗？"

李先生回到家，一推门就看到儿子还在和妈妈对峙。李先生看到儿子后问："儿子，怎么了，来和老爸说说，爸爸给你评评理！"

儿子走过来抱着他，边哭边诉说自己的委屈："我不想上晚上的英语课，因为我太累了，白天上课，晚上还要上课，学得太多了……"

李先生说："哦，难怪你不想上课了，原来是因为一天学得太多了，有点累，是吗？"

儿子回答："嗯，紧张了一白天，晚上还要学……我的同学放学回家都只是吃东西、睡觉……"

李先生说："所以你不想晚上上课，是吗？"

儿子回答："嗯，平时上课，周末我要补课，晚上还要上英语课，一点休息时间都没有……"

李先生说:"听你这么一说,确实学得不少,既要上学,还要上这么多课,儿子辛苦了……"

儿子问:"那可以晚上不上课吗?"

李先生说:"最好先跟老师请个假。爸爸想先了解一下,你是今天不想上课,还是以后都想把英语课调整到周六日呢?"

儿子回答:"今天不想上……"

李先生说:"那爸爸明白了,那我们问一下妈妈今天的英语课来不来得及请假,因为还有两个小时就要上课了。不管能不能请假,今天晚上你都休息,可以吗?"

儿子说:"可以。"

妈妈与老师沟通后,确认可以请假。

最后,李先生问儿子:"你觉得和妈妈商量事情,跟和爸爸商量有没有区别?"

儿子回答:"有啊,和你说,你觉得我说得有道理;和妈妈说,妈妈都说是我不对……"

从这个案例中,我们能够学到什么?和孩子商量,其实是在培养他的独立思考能力。

孩子虽然年龄小,但他是独立的个体,有自己的想法和需求。把他当成一张白纸,想怎么画就怎么画,这不是无视孩子的独立性吗?遇到问题时,跟孩子一起商量,孩子就会感受到被尊重,才会愿意和你沟通,也更容易接受你的建议。

可是,和孩子商量,说起来容易做起来难。孩子不听话怎么办?意见不合怎么办？

1. 放下身段，平等对话

很多父母和孩子说话时都会摆出一副居高临下的姿态，动不动就搬出辈分来压人："我是你爸爸！""我是你妈妈！"这哪是商量啊？分明是命令！要知道，孩子虽然年龄小，但他们也有自尊心，你越是摆架子，他们越不愿意听你的。

和孩子商量的第一步，就是放下身段，把自己当成孩子的朋友。比如，孩子想买一件名牌羽绒服，父母可以说："咱们一起看看，这款羽绒服好在哪里？有什么缺点？"这样平等地讨论，孩子不但不会觉得父母在说教，反而觉得父母很尊重他。

2. 耐心倾听，不急于下结论

有的父母一听孩子说话，就急着下结论，孩子话还没说完，就开始指手画脚。这哪是商量啊？分明是独角戏！其实，孩子的想法可能比我们想象的要深刻得多。不妨多给孩子一些时间，让他把话说完。即使他的想法看似天马行空，也别急着否定。说不定，你还能从中发现一些惊喜呢。

3. 给出选择，少些命令

很多父母和孩子商量，其实是假商量。说白了，就是想让孩子按自己的意思来。这种做法不但达不到目的，反而会激起孩子的逆反心理。聪明的做法是，给孩子一些选择的空间。比如，父母想带着孩子出去玩，孩子却一直抱着手机不放，父母不要说"你现在必须放下手机"，而要说"你是想先玩手机，还是想先出去玩？"这样，孩子就会觉得自己有了主动权，更容易接受你的建议。

4.讲道理，不讲条件

有些父母和孩子商量，喜欢跟孩子讲条件，比如"你要是考好了，就给你买玩具""你要是乖乖吃饭，就带你去游乐园"。这种做法看似有效，其实是在培养孩子的功利心理。

更好的方法是和孩子讲道理。比如，不要说"你要是不写作业，就不准看电视"，而要说"写完作业再看电视，这样你就不用担心作业的事了，可以安心地享受看电视的时光"。这样，孩子就能理解你的用意，而不是单纯地为了奖励去做事。

5.商量有度，坚持底线

和孩子商量，不等于事事由着孩子来。对于一些原则性的问题，父母要坚持立场。比如，安全问题不能商量。孩子总是闯红灯，父母要坚决制止，不要和他讨价还价。再如，一些基本的行为规范也不能商量。孩子在公共场合大声喧哗，父母要明确告诉他这样做是不对的。

即使是不能商量的事情，也要和孩子解释清楚原因，不能简单地说"不行，就是不行"，而要让孩子理解为什么不行。这样，孩子才能真正接受你的决定，不会心存不满。

分享：共同感受孩子的喜怒哀乐

共情是亲子互动中最温柔、也最有效的力量。它要求我们站在孩子的角度思考问题，跟孩子分享他们的喜怒哀乐。

当孩子因为一条小鱼停止游动而哭泣时，一个温暖的拥抱比任何说教都来得有效；当孩子为纸船在水上行驶欢呼时，我们眼神里的鼓励和骄傲能够点燃他的激情。

分享，可以打开通往孩子心灵的大门，让爱与理解成为亲子之间最结实的纽带；分享，不仅能让孩子感受到被看见、被听见，也能让父母更加深刻地理解成长的不易与美好。

前天晚上，女儿从培训学校发过来一个视频，主要内容是她和班里同学偷偷订了一个蛋糕给班主任庆祝生日。女儿问了妈妈一句"怎么样"，然后说视频是她剪辑的。

妈妈打开视频很认真地观看了，还不错，拎蛋糕进教室、黑板上写祝福语、捧着蛋糕等班主任推门进来、班主任许愿吹蜡烛给大家分蛋糕、最后合影等，整个过程很完整，还有应景的配乐，也有人物特写。但既然女儿问，她是不是应该给点意见？

妈妈觉得有些地方可以改进一下，比如，班主任推门进来时，镜头不要过多地给门后的墙面和地面，而应给到班主任的面部，突出她的惊喜；后面班主任分蛋糕和发言时，镜头应该从正面拍摄班主任，不能从两侧拍，否则只能看到凌乱的桌面和墙面，没有焦点。

还有，合影之后将文字打在屏幕上收尾就行，不要凌乱地放几张照片，屏幕上既没有班主任，也没总结点题，感觉有点虎头蛇尾。

正当妈妈想着如何措辞回复女儿时，突然有个念头跳出来：女儿是真的想要你给她意见吗？……妈妈明白过来：女儿哪里是要问妈妈的意见，她是希望跟妈妈分享这种快乐啊！视频的不足，女儿并不是不知道，可能不是她拍的,也可能是设备或其他因素造成的,她已经尽力做到最好了。假如妈妈真的自以为是地去"指导"女儿,可能就是自讨没趣。

想到这里,妈妈立刻把已经打了两行字的"观后意见"删掉,换上两个表示赞扬的表情包……

这个案例告诉我们,作为父母,当孩子和我们分享他的喜怒哀乐时,我们要用心和孩子站在一起,看见他,倾听他,肯定他的感受,不用去想教给孩子什么知识或道理。父母要将教导性的工作交给学校、老师、社会,也要给孩子机会让他自己去学习;同时,也不用给孩子任何建议,除非孩子分享完之后问:"爸爸(妈妈),如果是你,你会怎么做?"这个时候,你可以说说自己的看法,然后再跟孩子说,这个只是爸爸(妈妈)的想法,你可以参考,也可以不同意,怎么做由你自己决定。

分享,不仅让孩子不再孤单,给孩子带来爱的曙光,还能给孩子送去前行的希望,让孩子身心健康地成长。因此,父母要学会和孩子分享喜怒哀乐。那么,父母应该怎样做呢?

1. 耐心倾听孩子的讲述

男孩爸爸因为与别人打架,曾在监狱里待过一段时间。男孩的同学们都知道这件事,经常会当着男孩的面说他爸爸的坏话,男孩感到很难受。有一次,又有一个同学提起了这件事,男孩实在忍不住,就与那个同学狠狠地打了一架,浑身是伤地回到家里。爸爸因为打架进了监狱,现在看到儿子与人打架,他很生气,不问原因,就把男孩责骂了一通。

浑身是伤的男孩等爸爸骂够了,才小心地走到爸爸的面前说:"爸,因为那个同学说你坏话,我才跟他打架的。"爸爸听了,非常惭愧。他想到自己给儿子带来了屈辱,儿子为维护他的尊严与人打架,回来后又遭到他的责骂,简直太不应该了。他连忙为自己的鲁莽向儿子道歉,又帮儿子处理身上的伤口。

父母面对孩子所做的事情,不管是好事还是坏事,都要先听孩子的解释,才能了解孩子的心声,不要先入为主,只凭主观想法就武断地下结论。父母的不当行为,会让孩子的心灵受伤。

2.珍惜孩子爱的表达

最近一段时间小明很节俭,妈妈给他的零花钱他能省就省,就连平常最爱吃的零食也不买了,父母感到很奇怪。几天之后,是妈妈的生日。小明拿出一双很厚的手套,亲自给妈妈戴在手上,真诚地说:"妈妈,祝你生日快乐。这是我用攒的零花钱给你买的生日礼物。前一段时间我看见你的手冻坏了,心里很难过,就下决心要给你买一双厚手套,现在我终于做到了,希望你能喜欢。"妈妈听了,流下了感动的眼泪,哽咽地对小明说:"谢谢你!这是我一生中最珍贵的礼物。"从此之后,小明与妈妈的关系更进了一步。

分享是快乐的,无论是分享者还是接受者,都能体会到温情流动,感受到爱的表达。当孩子向父母表达爱意时,父母一定要重视和珍惜。

3.用心体验孩子的喜怒哀乐

有个男孩,以前性格沉默,而今却变得阳光开朗。因为最近一段时间,父母经常与他交流,倾听他的心声,和他分享生活的点滴,他感到很快乐。升入高中后,男孩不管心里有什么想法,都会讲给父母听,连学校里发生的有趣故事也会告诉父母。当然,不管男孩说什么,父母都会用心倾听，并把自己的观点与想法讲出来，与男孩一起交流，男孩觉得每天都阳光灿烂。

孩子与父母分享自己的喜怒哀乐，父母要用心体会这一切，与孩子一起感受喜乐忧愁，产生心理上的共鸣，不能不顾孩子的心情，随口应付。否则，分享交流的效果只会适得其反。

4.及时排解孩子的烦恼

孩子遇到烦心事，因为经验不足或看问题不全面等，心情一时调整不过来，父母要及时分担孩子的痛苦，并做好引导工作，有效化解孩子的心理困扰，让孩子从阴霾中走出来，恢复快乐与活力。

同读：和孩子一起读书

无论是历史上的名家，还是身边优秀的同行者，都有一个共同的习惯，那便是阅读。

阅读是开启终身学习之门的金钥匙，是滋润心灵家园的雨露甘霖，也是与孩子联动的一种有效方式。

随着孩子踏入学校的大门，杜女士的生活就悄然发生了变化。作为妈妈，她深知阅读对于孩子成长的重要性。因此，从一年级开始，她便跟着班级的阅读节奏，将亲子阅读作为家庭生活的一项重要活动。

每周日晚上，是他们家固定的"亲子阅读之夜"。在这个特别的夜晚，他们会提前规划好时间，确保没有其他的干扰，全心全意地投入阅读的世界中。杜女士会根据孩子的兴趣和年龄，精心挑选几本适合孩子的书籍，既有他喜欢的绘本故事，也有能够启发思考的科普读物。

活动开始时，杜女士和孩子来到书房，铺好柔软的垫子席地而坐，打开柔和的灯光，备好散发清香的茶水，营造出温馨而宁静的氛围。然后，她让孩子坐在身边，和孩子一起翻开书页，开始探索书中的奇妙世界。

在阅读过程中，杜女士会采用多种方式来增强孩子的参与感，激发孩子的阅读和兴趣。比如，模仿书中角色的声音和表情，让孩子更加直观地感受到故事的氛围；也会适时地停下来向孩子提问，引导他思考故事中的情节和人物，鼓励他发表看法和感受。这些互动既加深了孩子对故事的理解，也锻炼了他的思维能力和语言表达能力。

有时候，杜女士还会和孩子一起动手制作与书籍相关的手工或绘画作品。比如，读完一本关于动物的书后，他们一起动手制作动物面具或画出书中的动物形象。这样的活动，不仅让孩子更加深入地了解了书中的内容，也培养了孩子的动手能力和创造力。

此外，杜女士还会定期开展"朗读者"活动，鼓励孩子自己挑选喜欢的故事或诗歌进行朗读。虽然一开始孩子可能会有些害羞和紧张，但在父母的鼓励和支持下，孩子逐渐变得自信起来，能够流畅地朗读出每一个字和每一句话。这种成就感让孩子更加热爱阅读，也让他更加自信地面对未来的挑战。每当举办"朗读者"活动时，孩子就会认真准备，甚至通过背诵的形式完成。家人都是孩子最忠实的粉丝，每次朗读活动都是在欢声笑语和掌声中结束。

此外，杜女士还和孩子制订了各自的阅读计划，一起去书店购书。每读完一本读物，她还主动邀请孩子分享读书的心得体会。通过阅读互动，杜女士发掘出孩子主动阅读的能动性，促使孩子加快读书进度。

亲子阅读不仅是一项简单的读书活动，更是一种情感的交流和心灵的触碰。它让亲子在共同的学习和成长中收获知识与情感，也让亲子关系更加紧密和融洽。坚持亲子阅读，不断地翻动书页，让快乐轻松的阅读氛围充满整个家庭，如此，就能给孩子一个书香浸润的童年，还能给自己一段温馨的家庭时光。

亲子阅读是最直接的陪伴和互动，在亲子相处的时光中，孩子将会感受到父母的爱，感受到阅读的美，同时养成阅读习惯，营造家里的文化氛围。

亲子阅读的建议如下。

1. 让孩子爱上亲子阅读

亲子阅读是孩子与父母共同游戏、享受亲情的过程，更是汲取知识的方式。孩子坐在父母的膝头，或是依偎在父母的身旁听故事，首先享受到的就是父母的爱。父母的声音可以让他们感受到愉悦，感受到故事的趣味。这样的氛围，不仅有助于拉近亲子之间的距离，让亲子关系变得融洽，还会让孩子感受到阅读的快乐，进而爱上亲子阅读。

2. 确定相对固定的时间

亲子共读的时间应该相对固定，比如，晨起、餐后、睡前等，父母可以根据自己的家庭情况确定一个时段。每天和孩子共读大约15分钟，有利于让孩子养成良好的阅读习惯。但这个时段并不是一成不变的，有时候可以适当进行调整，比如，这一天全家出去郊游，就可以将共读的地点转移至郊外，草地、石椅都可以成为亲子共读的最佳场所。在大然的怀抱中，亲子共读将变得更有诗意。

3. 亲子共读贵在坚持

如果将亲子共读看成是一件很重要的事情，也就有了坚持下来的理由。即使每天只能坚持亲子共读10分钟左右，也是一件非常有意义的事情。事实上，只要我们坚持一段时间，激发了孩子的阅读兴趣后，孩子就会主动督促父母，让共读成为持续的美好。

4. 不要将共读的过程变成认字的过程

亲子共读时，不要把书籍变成教材，一味教孩子认字，以为孩子认字多了，就能早早地开始独立阅读。其实，这是走进了一个误区：强迫孩子识字，很可能会让孩子觉得书籍陌生和可怕。在父母的强迫下，孩子即使与书"相伴"了很多年，也不见得会真正爱上阅读。

5. 与孩子平等地聊书

亲子共读后，父母可以找一些孩子感兴趣的话题，和孩子平等地聊书，从而引发孩子对阅读的思考。但是，不要将这个过程变成测试，否则会让孩子感觉在接受考试。

同时，在聊书的过程中，要鼓励孩子大胆质疑，不要拘泥于所谓的标准答案，应以开放性的观点引导孩子进行更深入的思考和更广泛的阅读。

同玩：跟孩子一起唱歌跳舞做游戏

与孩子一起追逐蝴蝶，搭建积木城堡，或只是坐在草地上数星星……这些看似平凡的时刻，却是与孩子建立深厚情感连接、理解他们内心世界的宝贵机会。

在一个阳光明媚、微风拂面的上午，孙女士感到心情格外愉悦，因为这是她和女儿同台跳舞的一天，也是她第一次深度感受女儿的世界，这是一段充满欢乐和温馨的时光。

六一儿童节快到了，幼儿园要求每个班级都要准备节目，并鼓励孩子们参与。孙女士的女儿所在的班级准备了集体舞，但孩子此前没学过，动作有些慢，渐渐地打起了退堂鼓。为了让女儿坚持下来，孙女士报名加入家长舞蹈队，因为她知道，只有看到父母在坚持，女儿才会坚持，这比讲一堆大道理给女儿听有用得多。每天下午放学后，母女俩都会反复练习，她们的舞蹈动作越来越熟练，进步很快。

在排练舞蹈的过程中，孙女士感受到女儿的成长和进步。女儿的每一个舞步都充满了自信和力量，每一次转身都散发着优雅的魅力。孙女士为女儿感到骄傲，同时也为自己能够与女儿一同享受这段美好的时光而感到幸福。

这一天很快就来到了。女儿的节目排在第 31 个，孙女士的成人舞是最后一个,也就是第50个。女儿表现不错,得到了老师的表扬,而且她进步特别大。轮到妈妈们上台了,孙女士虽说有点紧张,但也只能跟着音乐跳,中途还把一两个动作弄反了,不过不影响整体效果。最后,大家一起拍了很多漂亮的照片。

舞蹈结束后,孙女士和女儿紧紧拥抱在一起。这是一段难忘的经历,不仅让母女关系更加亲密,也让彼此更加珍惜对方。这段一起流汗、一起欢笑的时光永远留在了她们心中,成为她们人生中宝贵的财富。

让自己成为一个"大小孩",跟孩子打成一片。这不仅仅是身体上的陪伴跟随,更是实现心灵上的同频契合。当孩子蹲下来看蚂蚁搬家时,我们也可以蹲下来;当孩子踩水坑时,我们也可以一起去踩;当孩子整理玩具时,我们可以一起喊出"嗨哟、嗨哟"……以孩子的视角看待这个世界,你会发现,原来一片叶子的飘落、一朵云的形状都能成为孩子眼中的奇迹。

成年人通常把眼前的事情看得特别重要。比如,教育孩子是人生大事,丝毫不可疏忽;工作是严肃的事,要认真对待。结果,越是在意、执着,心弦绷得越紧,越容易在教育上出问题。其实,教育本身就是平常之事,抱着"玩一玩"的心态,也许身心更放松,还能做得更出色。

1. 把玩耍的主动权交给孩子

父母要明白,孩子才是玩耍的主体,自己只是参与者和帮助者。当孩子面对一项任务无从下手时,父母三下五除二就帮孩子完成,在这种情景下,孩子要么认为父母永远比自己强大,遇到困难时就直接依赖父母,而放弃自己的探索与努力;要么认为自己没能完成父母轻易就能完成的任务，因而感到挫败和失望。

当孩子需要帮助时，父母明智的做法是引导和启发孩子，带着孩子一起完成任务。比如，玩汽车玩具时，你应该提示孩子："你可以按动大的按钮试试。"帮芭比娃娃穿衣服时，你可以对孩子说："我把娃娃的胳膊按住，你再套裙子试试。"

2. 给孩子足够的耐心和赞美

参与孩子的游戏时，很多父母都不理解孩子为什么会不厌其烦地重复一个简单的步骤或环节，因此对孩子表现出不耐烦。其实，孩子和成人的思考方式、学习能力是不同的，父母会对游戏步骤感到厌烦，是因为掌握这些步骤对他们而言轻而易举。孩子在这个步骤上反复琢磨，恰恰说明他们还需要充足的时间和多次重复来加深对该步骤的练习和理解。父母武断地终止游戏或带孩子进入游戏的下一个步骤，会打击孩子完成游戏的信心，也会让孩子注意力变得不集中。

在游戏过程中，不要和孩子太较真，不要带着批判的眼光找孩子的漏洞，比如，告诉他"天空是蓝色的而不是绿色的""小鸟的脑袋不可能比身体大"，这些话会让孩子感到十分拘谨，不知所措。

游戏既定的规则和程序并不重要，重要的是父母在孩子的实际操作过程中，找到孩子的闪光点，并进行表扬。如果父母赞扬了孩子的合作精神和独立思考能力，孩子就会更加注重与他人合作，积极动脑；如果父母经常赞美和鼓励孩子，孩子就能在轻松玩耍的同时，获得自信心。

3. 选择与孩子智力水平相适应的游戏

孩子的发展是一个动态的过程，父母很难完全了解孩子的发展程度和智力水平。因此，在选择游戏时，父母很难选对适合自己孩子的游戏。这时候，需要父母对孩子的反应足够敏感。如果孩子对游戏表现出乏味或无能为力，就表明这个项目不符合孩子的口味，或超出了孩子当前的能力范围，让孩子无法胜任。此时，父母要更换游戏，直到孩子能投入其中。

同运动：带孩子一起运动

通过运动，可以培养孩子的创造力、自我尊重意识、适应能力等，也能引导孩子学习一些技巧。

在运动过程中，孩子"被迫"计划、想象、求新求变、解决困难和做出决定，这些环节有助于孩子的心智成长。父母和孩子一起运动，也是学习如何与孩子相处与沟通的绝佳机会。

运动是父母和孩子沟通的桥梁，孩子可以借运动疏解烦恼，父母也有机会发现孩子的潜能，并培养孩子正确的价值观。因此，父母不能只是逼迫孩子学习，而应该设法在成人和孩子的想法之间找到平衡点。

1.家里是很好的运动场

有些父母或许会想：是不是一定要带孩子到公园或运动场才可以运动？其实，只要花点心思安排，家里也可以是很好的运动场，比如，利用楼梯练习攀爬、折返跑、双脚跳等；将沙发、椅子、桌子等稍微挪动一下，就是攀登、钻爬的好地方；平衡台可以用长条木板，甚至只是画在地面的一条线取代；呼啦圈、皮球、绳索等都很容易买到。

总之，只要稍稍动一下脑筋，场地、设施、器材都不难解决，室内运动的重点在于营造和谐氛围与温馨互动；室外运动的重点则是让孩子直面挑战，锻炼勇气与体能。

2. 几个具体项目操作建议

（1）跑步。很多孩子不喜欢跑步，觉得跑步很单调。孩子们喜欢新奇且有变化的运动，而且，只有腿肌等足够强健，跑步才会变得有趣。所以，为了提高孩子运动的兴致，可以设计很多不同的跑步形式，例如折返跑、曲折跑、侧面跑跳等，还可以把运动过程趣味化、故事化，如此不仅能培养孩子的运动习惯，增强孩子的体力，而且能培养他们的想象力和创造力。

（2）平衡木。大脑接收到视觉神经传来的高度信息后，会引发记忆神经产生"不安全"的恐惧感，导致肌肉和神经紧张，手脚不听使唤，感觉统合失调。平衡木可以训练平衡感与肌肉协调。因此，父母可以跟孩子手牵手一起走平衡木，正面走、倒退走都可以，对父母来说也是很好的训练。

（3）单杠。父母站在孩子身后，让孩子把手伸直，先微蹲然后双脚往上跳，父母可以扶助，让孩子吊在单杠上几秒，父母还可以前后晃动孩子，然后让孩子前跃跳下。当然，最好根据孩子的体能和身高选择适合高度的单杠；同时，单杠运动普适性强，孩子小时候就可以进行，且最好天天玩。

（4）仰卧起坐或仰卧抬腿。仰卧起坐或仰卧抬腿都可以训练腹肌，有助于维持身材、姿势，提升身体的运动能力。孩子做的时候，父母可以适时给予协助，并多加鼓励；父母运动的时候，也可以让孩子帮忙，给孩子创造成就感。

（5）背滚球游戏。背肌通常是比较容易被忽略的肌群。只要让孩子躺在球上，就可以玩得很高兴。前后左右滚动皮球，不仅有助于强化背肌，而且可以练习平衡感。

需要注意的是，体能虽然很重要，但父母不要为没有很多空间、时间带孩子运动而烦恼。因为加强体能的方法非常多，只要用些巧思，无论在户外还是室内，都可以将有趣的游戏转变成锻炼孩子体能的活动。

第五章
错误的互动方式,会刺痛孩子的"心灵"

总是命令孩子,会让孩子失去判断力

很多父母认为,孩子是属于父母的,父母不管怎么做都是为了孩子好。因此,他们做事时通常不会考虑孩子的感受,反而会强迫孩子听从自己的命令,希望通过这种方法让孩子免受伤害。

这类父母常用的句式有:

"你现在马上停止玩手机!"

"从现在开始,不许用那种态度跟爸爸讲话!"

"不许再哭了!"

"叠好被子,才能出去玩!"

"去,帮妈妈把衣服晾一下,反正你也没事。"

"还不赶快去背英语,看什么电视!"

"我都说了不许洗头,你怎么不听呢?"

"又跑哪里去疯了?下次给我早点回来。"

……

命令孩子看似彰显了父母的威严，却深深地伤害了孩子的心。总是命令孩子，会让孩子觉得父母不接受自己的行为，不相信自己的判断，不重视自己的需求和情感。因此，孩子容易感觉委屈、反感、愤怒，导致自尊心受伤害，产生逆反心理，使亲子沟通不顺畅。

命令的语气实际上就是一种操控，不要觉得父母操控孩子是多么值得骄傲的行为，所谓的听话、懂事，从某种角度上来讲并不值得夸赞。孩子需要有自己的主见和独立的思维，要为自己的生活负责，父母只有放下内心的命令，才能从更客观的角度观察孩子，并意识到孩子自我成长的重要性。

孩子渴望被父母看到、得到父母的肯定，很多父母却习惯性地忽略孩子的感受，完全不把孩子放在眼里，将孩子当成不懂事的人。在这种思想的作用下，孩子就会无法形成自己的思想。他们从未被尊重过，更不懂得坚持己见，继而给自身的成长带来负面影响。

（一）"命令式"教育不利于孩子的性格培养

"命令式"教育不利于孩子的性格培养，因此一定要慎重使用。

1. 缺乏责任感

孩子希望按照自己的方式做事情，父母却总是逼迫他们听从大人的意见，仿佛父母是孩子的主人。久而久之，孩子就会失去主见，习惯性地听从别人的说法，忽视自己应该承担的责任。

孩子缺乏责任感，完全不懂得自己肩上应该承担的责任，遇到困难时只会退缩，希望通过这种方式逃避责任，这样很容易会被身边的人看扁，成为大家口中不能依赖的人。

2. 生出自卑心

孩子认识自己是从别人口中开始的,他们并不知道自己是否优秀。一旦觉察到父母总是忽略自己,认为自己不优秀,难免会感到自卑。他们一方面希冀着美好的未来,另一方面却又没有办法直面自己惨淡的人生。他们害怕失败,不敢尝试新的挑战,总是躲在角落里,希望做一个透明人,避免被其他人注意到。

3. 性格变叛逆

孩子明明有不错的想法,父母却始终不重视。在这种情况下,孩子会对父母产生怨念,故意做出叛逆的行为。可见,孩子出现叛逆的行为,不一定都是孩子的错。如果父母不解决自己的问题,孩子就无法改掉叛逆的行为习惯。

(二)父母应该用怎样的方式与孩子沟通

1. 语气要温和

温和的口吻会让孩子产生一种自发的意愿,减轻对抗心理,感受到自己被尊重。比如,父亲让女孩去拿桶,用这样的口吻说:"女儿,爸爸需要一个桶,现在走不开,麻烦你帮我去地下室拿一下好吗?很感谢你的帮忙。"女儿自然会欣喜地为父亲效劳。

2. 想孩子所想

当父母带着同理心理解孩子当下的心情或行为时,就不会抵触孩子的行为。当父母接受孩子的行为后,内心就不会那么大的怒火,转而会用更耐心的方式与孩子沟通。比如,孩子玩得正开心,父母叫他停止,孩子就是停不下来。这时候可以想想,孩子玩的时候就跟我们大人看电视一样,当你看到电视剧中某个精彩的部分时，恨不得眼都不眨地盯着电视机，生怕错过任何情节，更何况是自制力发育还不够完善的孩子呢？大多数孩子只能依靠大人的帮助和引导来停止某些行为。

3. 给孩子提供帮助

当孩子的行为得不到控制的时候，也是最需要大人帮助的时候。在对孩子提要求时，如果父母能给孩子提出建议或可供参考的办法，孩子会更乐意接受，父母也不会失控。

4. 语气委婉，少些命令

命令是一种单方面的交流，是一种只顾及自己而不考虑别人感受的行为。孩子虽然小，但他们并不是供父母发号施令的奴仆，亲子之间的关系是平等的，孩子同样也有自己选择的权利。

例如，可以这么对孩子说话：

妈妈现在有点忙，你能不能帮妈妈把碗刷了？

动画片看完了，你不打算去学习一会儿吗？

爸爸在休息，看电视会打扰他的，你先看会儿书，好吗？

……

使用这样的建议语气，不仅能使家庭气氛和谐，还有利于培养孩子的思维能力和判断能力。

孩子是独立的个体，有自己的思想、人格和尊严，希望父母能够给予他们尊重和平等对待。父母用建议的口吻和孩子说话，孩子会觉得父母是在跟自己商量，或者征求自己的意见，感受到自己被重视，继而在心理上更容易接受父母的建议。

因此，不要再命令孩子了，换种语气或方式与孩子沟通，才能让孩子更好地成长。

警告、责备、威胁，孩子就无法拥有丰富的体验

现实中，很多父母喜欢警告、责备或威胁孩子，比如：

"你再不听话，就让你爸揍你！"

"再说一句那样的话，就给我离开房间！"

"不听我的话，你会后悔的！"

"再考不及格，看我怎么收拾你！"

"再不老实，就把你送人！"

"再玩手机，就让警察叔叔把你抓走！"

"再不吃药，就把你送到医院去打针！"

"下次再考砸，就别再进家门了！"

"再让我抓到你这样，就把你的腿打断！"

……

事实证明，这种做法会让孩子承受巨大的精神压力，容易变得胆小、懦弱。

孩子觉得父母不尊重自己的想法，只想让自己顺从，就容易变得反感、敌视父母，继而变得缺乏主见，甚至产生侥幸心理，学会投机和欺骗。

吓唬孩子对孩子身心健康的影响，在低龄孩子身上表现得尤为明显。孩子被吓后，心理会受到很大的刺激，破坏身体的内部平衡，时间久了，还会损害中枢神经的调节能力，使内脏工作没有规律，也很容易诱发消化系统疾病。

另外，父母如果经常以"再哭就把你送给要饭的"或"把你送到公安局"之类的话对孩子进行恐吓，可能会让孩子形成一种条件反射，让孩子对现实生活中的人产生恐惧感。如果是年龄大一点的孩子，父母的恐吓威胁还会让孩子产生很大的压力。

父母经常恐吓孩子，或是对孩子说一些贬低性的语言，会让孩子认为自己不如别人，让孩子产生自卑感并自暴自弃。例如，对于本来能做好的事情，却故意不去做甚至搞破坏。孩子长大后，做事还会畏首畏尾，胆小怕事，自卑感特别强烈。

调查显示，或轻或重恐吓过孩子的父母比例高达90%。威胁恐吓有时确实能让孩子听话，但会对孩子的心灵造成严重危害，所以教育孩子要选用恰当科学的方式方法。

1. 不要使用威胁的语言

孩子犯了错，父母要先理解孩子的情绪，然后告诉他错在哪里，也可以给予一定的惩罚。但是，不能说违背事实的话，否则会加重孩子的心理负担。

跟年幼的孩子沟通时，要就事论事，告诉孩子真实的情况是什么样的。不要总想去挑衅或试探孩子的反应，父母也许只是因为无聊逗孩子玩，但孩子会把一切当真！

2.用平等尊重的方式对待孩子

即使孩子年龄还小,也要用平等尊重的方式对待他。这种方式会让孩子知道自己是重要的人,等到逐渐长大后,他们会更加愿意融入群体,也愿意用尊重平等的方式对待别人。

3.提前和孩子设定可能出现的情况

有时候,孩子会依据自己的行为做心理预期,如果父母的回应无法满足孩子的预期,孩子就可能出现不配合的状况。因此,在做事情前,父母最好预先将一些必要的、可能发生的事情与孩子商量好,或将计划事先告知孩子,让孩子有心理准备。

4.多说给孩子安全感的话

缺乏安全感对一个人的影响很大,且治愈时间很长,甚至伴随一生。下面,给大家推荐几句话,你也可以自行拓展,直接说给孩子听。

(1)宝贝,无论发生任何事情,无论在哪里,爸爸妈妈都会在你身边。(说的时候,要与孩子进行眼神交流,眼神要坚定。)

(2)我爱你,我们为你感到骄傲。(对于孩子的成功和进步,父母不要不好意思夸奖,而要使劲肯定他。)

(3)我们都爱着你。(语气要温柔且坚定。)

(4)有你这样的孩子,我感到很幸福。(直接告诉他,你爱他!欣赏他!)

(5)不管你成绩好不好,爸爸都爱你。(让孩子知道成绩不是衡量爱的标准。)

(6)你值得所有人的爱。(肯定孩子的自身价值。)

（7）在妈妈面前，你可以哭……（认可并尊重孩子的情绪，同时让孩子理解并接受自己的情绪。）

（8）只要你需要爸爸，爸爸一定无条件支持你。（爱不仅要说出口，还要做到位。）

（9）工作劳累了一天，回来看到你，所有的疲劳都没有了。（用孩子给你的情绪具体化你对他的爱，让他感受更深刻。）

（10）不要怕，妈妈在。（用行动与支持，帮助孩子获得安全感。）

（11）你是爸爸祈求来的礼物。（让孩子知道，他是如此珍贵。）

（12）能做你的妈妈，是我的福气。（让孩子坚定信念，相信自己就是妈妈的宝贝。）

（13）爸爸觉得有你真好。（搭配一个温暖而坚定的拥抱，效果更好。）

（14）任何时候，爸爸妈妈都相信你。（让孩子明白，在父母面前他可以做自己，且完全被信任。）

过度说教，会让孩子失去独立解决问题的机会

生活中，不少父母都喜欢苦口婆心地给孩子灌输各种大道理。尤其是当孩子犯错时，很多父母会对孩子进行批评和教育，却很少针对孩子的错误就事论事。如果孩子不愿意听大道理，父母还会将这种讲道理的模式升级为批判，从说理变成评价孩子。

父母常用的句式有：

"你不应该用那种口气跟奶奶说话！"

"连高中都考不上，将来怎么上大学，怎么有出息！"

"我像你这么大的时候，学习很努力，哪像你这样懒散！"

……

父母喜欢跟孩子讲大道理，想把自己的知识或经验传授给孩子，引导孩子往好的方向转变，希望孩子按照父母的想法做事，少走一些弯路。父母的初衷是好的，实际效果却不理想，常常引起孩子的厌烦和叛逆。

女儿在房间里写作业，妈妈动不动就进来催促打扰："闺女，快点写！""闺女，不能调整那个计时器，听见了吗？"……看到女儿拿笔姿势不对，妈妈又说："哪个老师教你这么拿笔的？"一会儿，妈妈又提醒女儿算错了。女儿实在忍受不了，彻底爆发，哭着对妈妈说："我不想写了。"

教育家蒙台梭利说过："除非你被孩子邀请，否则永远不要打扰孩子。"当孩子在专注做某件事时，如果父母出声干扰，就会打乱孩子的节奏感和内心的秩序感，严重破坏专注力。比起无休止的唠叨和事无巨细的照顾，安静的陪伴和得体的退出，更能让孩子在独处中成长。

父母的说教是一种过度教育。从心理学上讲，父母喋喋不休的说教，会让孩子产生心理"超限效应"。也就是说，过多、过强或过久的刺激作用，会引起孩子极不耐烦或逆反的心理。父母对孩子三番五次、一而再再而三地说教就是一种典型的过度教育，会侵犯孩子的心理领地，让孩子的认知出现超载，让孩子厌烦，焦躁不安，难以忍受，甚至愤怒，导致大脑皮层产生保护性抑制，出现自然的逃避、反抗和心理抵触等现象。

说教者在说教时难免带有贬损、否定和控制意味，使说教变成父母单方面的表演，孩子充耳不闻；或演变为辩论，孩子不断反驳父母。而持久、积极的改变是由内而外的，绕不过孩子内在思考这一步，不考虑孩子的接受度，外在刺激再多，也是徒劳无功的。

从认知到行动是一个漫长的过程，给孩子提供有可行性的方法或建议，指导他们行动，远比空讲道理来得有效。

1.让孩子"听得懂"

父母比孩子更具有抽象思维能力，思考得更广、更深，当我们担心孩子受到委屈或伤害时，总是忍不住走上前去，提前把答案呈现在孩子眼前，但孩子没有亲自检验过，可能接受，也可能心存怀疑。孩子不明确的态度会让父母更着急，不知不觉地陷入说教之中。

分析问题时，父母擅长用抽象思维，从一件事情中联想到很多方面，比如，"如果你现在不认真练习，怎么能提高演讲水平，又怎么能获奖，没有奖状如何给你自身加分？"其实，这种 A 导致 B、B 导致 C 的演绎，包含了太多变量，并不适合孩子思考，可能会让孩子迷失在父母绕来绕去的逻辑里，使父母越来越激动，孩子却越来越灰心。

父母应该试着运用简单思维与孩子沟通，就像"1+2=3"一样变量很少，答案直接明了。这样孩子才会觉得父母说的内容清晰简单。比如，"你今天没认真琢磨演讲，所以练习遇到了困难，你打算怎么解决这个问题？"只有让孩子听懂我们在说什么，并跟上我们的思路，参与到思考中，他们才能感受到这件事真正与自己有关，而不是只沉浸在对父母态度的痛苦或愤怒当中。

2.用明确的语言给出选择

过多说教会引起孩子的极度不适，为了对父母的过多干涉或过度保护表示最直接的抗议，孩子很可能会以反抗的方式做出回应。当我们和孩子陷入可能发生冲突的状态时，我们要先做到恢复理智，平静且干脆地给出孩子选择，比如，告诉孩子"你想出去玩吗？10点前把东西收拾好，就可以出去，否则我们只能在家待着"。这样，父母既可以掌控发生结果的范围，孩子也能做出选择并对后果负责，获得成就感和掌控力。

给孩子贴标签，孩子容易陷入"我不行"的深渊

给孩子贴标签，评判或责备孩子，会让孩子觉得自己无能、落后、愚蠢、无用，继而感到难过、愤怒、恐惧，导致孩子害怕被否定，拒绝和父母沟通，心理上疏远父母。如果孩子接受了父母的评判，则会产生自卑心理，认为自己不行，或对父母不服气，认为"你们也好不到哪里去"。

这类父母常用的句式有：

"你总是偷懒。"

"你怎么老是这么拖沓？"

"你都这么大了，怎么还不懂事！"

"他就是太任性，谁像他一样。"

"你这一天天的懒死了，就没见过这么懒的人。"

"学习不咋好，也没考过前几名，你就是个学渣。"

"你瞧瞧人家，这可是别人家的孩子啊，成绩真不错，是个学霸。"

"胆子可小了，什么都不敢。"

......

父母往往随口一说，就给孩子贴上某个标签。对于被贴上标签的人来说，无论这个标签是好还是坏，都会对他产生不小的影响。而对于还处在自我认知完善阶段的孩子来说，更不能随便贴标签。

孩子的年龄越小，越容易赞同父母的说法。他们很容易受到亲密、信任的人的影响，没办法分辨父母说的到底是不是正确、公平。给孩子贴标签的行为，实际上是在给孩子一种心理暗示，让孩子不自觉地按照标签上的内容去发展和成长。

比如，父母经常说孩子调皮，孩子就会认定自己是调皮的孩子，从而更加放纵自己的行为；父母经常说孩子内向，孩子就会变得更加胆小，不敢与人交往；父母经常说孩子懒，孩子就会变得更加依赖父母，不愿意动手做事。

父母把孩子偶尔出现的不良现象跟自己从书上或媒体上学到的知识对号入座，实际上是在给孩子贴负面标签。这种标签一旦形成，就会在孩子的心中留下深刻的印象，影响他们对自我的认知和评价。标签会给他们带来无法预估的消极影响，比如，活在别人贴的负面标签中的孩子，会被摧毁自信和自尊，对自我产生深深的怀疑，既怀疑自己的价值，也怀疑自己是否真的如别人所描述的那样。

心理暗示的力量很强大。孩子从父母那里接收到什么样的信息，就会把这个信息逐渐转化为自己个性的一部分，在以后的人生中，这个声音会一直影响孩子，阻碍孩子的成长。作为父母，我们应该如何避免给孩子贴标签呢？

1. 只对事，不对人

不要直接上升到孩子本身，只说现在发生的事情，比如，孩子房间凌乱。

可以做：周末领着孩子一起收纳整理他的房间，让孩子学会正确地收纳，并找到适合自己的收纳方式。

不能做：一边说孩子"你真是邋遢，怎么这么懒"，一边帮孩子整理房间，导致孩子完全没有自理能力。

对事不对人，父母要帮助孩子从根本上解决问题，而不是放大他的问题。

2. 先想想再说出口

其实，很多父母不是故意给孩子贴标签的，通常都是在当时的环境下，没有意识到贴标签的话语有什么不对。看到孩子犯错，父母很生气，张口就来，什么话都说出口了。这时候，我们更需要冷静下来，给自己一点时间，也给孩子一点时间，使用合适的措辞，特别是在公共场合，更不要当众指责孩子，给他们贴标签。

3. 给孩子贴正面标签

孩子都渴望被夸奖，渴望父母看到自己的闪光点，给予自己鼓励和支持。正面标签和负面标签一样会给孩子指引，正面标签的指引是健康的、积极的。因此，我们可以这样做：

看到孩子正专心地做一件事情，可以夸他专注力强；

看到孩子交到了新朋友，可以夸他的社交能力有进步。

当父母发现孩子一些美好的特质，并给孩子贴上正面标签，孩子就会朝着积极、向上的方向努力，形成良好的习惯，越来越自信，成为最棒的自己。

嘲弄和讽刺，会让孩子变得自卑

辱骂、嘲弄、讽刺孩子，会让孩子觉得自己没用、不被他人喜欢，继而感到害怕、难过，变得自卑，产生语言和行动上的反击。

这类父母常用的句式有：

"你真蠢！"

"你的脑子灌水了，什么时候才能开窍啊？"

"考这么点分，你还好意思吃啊？"

"只有没长脑子的人才会这样说话，知道吗？"

……

很多父母都没有意识到自己不经意的语言会给孩子带来伤害。其实比起身体上的痛楚，语言伤害的后果更为严重。即使这种语言"攻击"停止了，伤害仍会停留在孩子的内心，像一个巨大的阴影始终笼罩着孩子。

任何一个有自尊心的人都不能忍受别人的挖苦和讽刺。经常被父母挖苦、讽刺的孩子，不仅学习上很难取得进步，上进心和自尊心也容易受伤，有的孩子甚至会失去信心。总之，父母的语言伤害将会对孩子的精神健康造成无法挽回的危害。

父母的挖苦还会让孩子变得感情冷漠，对父母失去信赖和依靠，对家庭充满厌恶与反感，严重的还可能引发反抗和报复心理，这样不仅帮助不了孩子，反而会恶化亲子关系。比如，孩子不再信任父母，不再把自己的真实想法告诉父母，干脆放弃努力；孩子觉得父母不讲理、虚伪、不公平，长期下去，孩子的身心将会受到严重影响。

父母惩罚孩子，应避免讽刺挖苦，更不能自以为"孩子是我生的、是我养的"，就随意指责、谩骂孩子。

1. 用信任的语气和孩子交谈

父母的肯定和信任，会给孩子带来莫大的自信和动力，孩子也希望得到父母的肯定和信任。与孩子交谈时，父母要表现出充分的信任。如果父母没有耐心，用挖苦的语气批评孩子，就会打击孩子的自信，导致他们对自己的能力产生怀疑，对父母产生抵触情绪。

2. 宽容孩子的失败

有的父母什么事情都要求尽善尽美，处处设置严苛规则，不允许有一点纰漏，总希望在孩子犯错前就提醒他们，避免犯错。一旦孩子不小心做错了事，他们便悲观失望，一味批评孩子，甚至对孩子拳脚相向，美其名曰让孩子牢记在心，永不再犯。其实，他们只是为了挽回自己的面子和发泄自己的情绪。

当孩子犯错时，不管你多么生气和恼怒，都要努力克制情绪，让自己冷静下来，理智地去面对。给孩子乱贴标签，如"笨蛋""猪脑子"等，会给孩子带来羞愧感。如果孩子已经意识到错误并感到愧疚，你的责骂只会雪上加霜。

要等到我们和孩子都心平气和的时候，再用尊重、鼓励的语气和孩子沟通，一起帮他分析错误，反思失败的原因，并引导他进行改正。给孩子提供切实的帮助比无谓的责骂有效得多！

3. 不要吝惜表扬

与其数落孩子的种种过失，不如适当地表扬和奖励孩子。比如，当孩子把墙当成画板，用画笔勾勒出一幅波澜壮阔的画作时，不要大声呵斥，不要把孩子视为"无敌破坏王"，而要欣赏孩子丰富的想象力和探索精神，表扬孩子作画的热情和认真劲儿。

每个孩子都有优点，关键在于父母有没有一双捕捉孩子优点的眼睛。如果你关注的是孩子的缺点，那么传递给孩子的情绪就是消极的；如果你着眼于孩子的优点，那么传递给孩子的情绪就是积极的。有了快乐的情绪体验，孩子对所做的事情就会更有兴趣。

4. 换种语气和孩子说话

（1）商量的语气。例如，孩子不想上篮球课。你可以说："儿子，如果你不想上篮球课，那我们可以不上，但我发现打篮球确实会让你长高不少。"然后再说："你看一看，有没有什么办法，既可以让你有更多的时间去玩，还能够让你坚持上篮球课呢？我们也可以想想别的方法。"这样说话，肯定比用强硬的态度说好很多，不仅能让孩子独立思考，还能提高他们解决问题的能力。

（2）信任的语气。父母一定要相信孩子。当孩子遇到困难不知道如何选择的时候，跟孩子说："没事，儿子，就按你的想法来，我相信你能把时间安排好的。"如此，不仅能让孩子更加自律，还能培养出他骨子里的那种自信。

（3）鼓励的语气。以上篮球课为例。你可以说："别气馁，只要出现了问题，就一定有解决问题的方法，我们再用其他办法试试看。"然后，再给孩子讲一些坚持就能成功的故事，或推荐一些类似的图书给孩子看，让孩子不怕失败，且越挫越勇。

（4）尊重的语气。邻居家的孩子想要借你家孩子的图书看，你可以跟孩子说："儿子，XXX 想借你的 XXX 书看看，妈妈想听一下你的意见。"然后再说："你愿意的话，我就拿过去给他，这是你的东西，你说了算。"这样说能培养孩子的自主感，孩子反而会更加大方地与别人分享。

中篇 | 以孩子为主体，聪明父母这样教

第六章
将互动的主动权交给孩子

鼓励孩子将心里话说出来

女儿14岁了,正在上初三。接她放学的路上,妈妈在车里跟她聊起来。

女儿:"妈,今天X老师说'连你都没做对啊!'"

妈妈:"哈哈,被老师逮到了!"

女儿:"其实……"(牢骚和解释)

妈妈:"这样我就理解你的情绪了,老师说'连你都',说明她很看重你的。"

女儿:"嗯,其实考得还可以,老师可能对我的要求更高。"

妈妈:"老师哪能不希望学生好。你知道吗?我很高兴你告诉我这些,说明你信任妈妈,有些孩子到了青春期不跟父母说真心话,特别是被老师批评了,更不会告诉父母。"

女儿:"嗯,因为你不会猜。"

妈妈："猜？什么意思？"

女儿："我们班很多父母都爱猜，'哎呀，你不会是考得不好吧？'"

妈妈："哈哈，他们都这么说吗？"

女儿："是啊，猜来猜去猜得人啥也不想说。"

妈妈："哦，我比较懒，喜欢直接问，不爱瞎猜。"

女儿："是啊，所以我告诉你嘛，你又不说我。"

妈妈："我干吗要说你？你被批评了都能告诉我，第一说明你自己有力量面对，第二说明你信任我，而且你也知道自己哪里不足。我很高兴呀，没什么好说的。"

女儿："唉，要是所有的父母都不猜就好了。"

上述案例中，女孩的话代表了很多成长中的孩子的心声。她所说的"猜"大约是指：首先，父母在言语中隐含的评判；其次，父母浑然不觉的焦虑。前者会让孩子感觉受压制，因而抗拒；后者会让孩子感觉有压力，不能对父母畅所欲言。

现实中，谈到与孩子的沟通问题，很多父母都不知道怎样才能让孩子吐露心声。其实，人同此心，心同此理，父母只要没忘记自己的成长感受，就容易跟孩子良好沟通，走进孩子的内心，成为孩子愿意信任和倾诉的人。

1. 引导孩子说出心里话

为了引导孩子说出心里话，父母可以这样说：

"孩子，这事讲给我听听。"

"我想听听这件事情。"

"说说看。"

"这事你愿意谈谈吗?咱们一起讨论吧!"

"我们听听你的意见。"

"继续讲下去,我在听着……"

父母充当开门人,孩子感觉受到鼓舞,就会接近你,对你敞开心扉,一股脑儿地说出他们的感受和想法。

2. 对孩子的谈话内容表示感兴趣

引起孩子和自己谈话的兴趣,是打开孩子心扉的第一步。想让孩子把内心的想法说出来,就要对孩子的谈话内容表现出浓厚的兴趣。在亲子沟通中,父母的面部表情、身体姿势都会对孩子谈话的兴趣产生影响。父母表现出认真和感兴趣,孩子才会乐于倾诉。

3. 做个倾听者,给孩子话语权

孩子是否乐于向父母倾诉,要看父母是否乐于倾听,因此当孩子向父母倾诉时,父母要做到少说话、多倾听,给孩子说话的机会,让孩子尽情说出心中的想法。

父母亲切、平和、耐心地倾听孩子说话,孩子就会带给父母更多的惊喜。因此,父母要做个耐心的倾听者,不要急于对孩子的话下结论或者下判断,这样才能听到孩子最纯真、最清澈的心语。

4. 给犯错的孩子解释的机会

孩子犯错后,父母不愿意听孩子解释,觉得孩子是在狡辩,让孩子的表达愿望受到负面强化的作用,孩子就会渐渐变得不爱说话,这无异于将孩子推离自己。经常这样,会让孩子变得有话不敢说,也不愿意和父母说，从而阻碍亲子之间的交流。

5.注意指责、批评孩子的语气和方式

批评和指责的最终目的是让孩子能够认识到错误，愿意主动改正错误。使用错误的方式与孩子沟通，孩子不仅不会认错，还会产生逆反心理，在心里把自己和父母隔离开。因此，一定要使用正确的方式和方法。

孩子的事情让他自己做决定

笔者曾在网上看到一对母女对话的视频，对话内容是这样的：

（1）

妈妈问："去动物园，咱们先看猴子，还是先看老虎？"

女儿答："猴子。"

妈妈说："还是先看老虎吧，猴山太远了。"

（2）

妈妈问："喝苹果汁，还是橙汁？"

女儿答："橙汁。"

妈妈说："还是苹果汁吧，橙汁太酸了。"

（3）

妈妈带女儿买衣服，问女儿喜欢哪件。

女儿说："绿色的好看。"

妈妈说："绿色好丑啊，还是选妈妈手里这件吧。"

（4）

妈妈带女儿出去吃饭，问她想吃什么。

女儿答："什么都行。"

（5）

妈妈问女儿要去哪里逛逛，女儿说："随便。"

妈妈却很生气地说："你怎么这么没有主见？"

其实并不是孩子没有主见，而是父母一直在替她做决定，父母的干预剥夺了孩子自己做决定的能力。当每一次选择都被否定时，孩子就忘记了自己原本想要的，习惯了顺从父母。

尊重孩子，爱孩子，就要先把决定权还给他。越是不自信，孩子越会犹豫不决，一遇到事情，首先想到的就是找父母，让父母帮他判断、选择、决定。只有接收父母给出的指令，按照父母所说的去做，他才能安下心来。如此，并不利于孩子独立性的培养。孩子不能自己完成任何事，必须依赖父母的扶持，才有勇气在社会上行走，这是非常可怕的！因此，要尽早培养孩子的自信心，至少让他能独立应对属于自己的问题，鼓励他自己做出判断、选择和决定。

1. 让孩子自己做决定

在一些和孩子有关的简单事务中，可以放手让孩子自己做决定。比如，今天穿什么鞋子、看什么书、吃什么水果等，鼓励孩子说出理由，尝试让他自己做决定。只要不是原则性的问题或危险的事情，父母都可以放手让孩子自己做决定，而且要多创造机会，让孩子独立做决定。

2.确保孩子的选择权

有时候,不是孩子不会选择,而是没得选。因此,让孩子做选择的前提是,父母要确保孩子具有选择权,即使孩子年龄很小,也不可剥夺他们的权利。

父母要创造宽松的家庭氛围,实施民主的教养方式,倾听孩子的声音,允许孩子发声,表达自己不同的意见;也可以全家人一起商量讨论,尊重孩子的正常要求和选择,或给孩子提供一些合理的选择,供孩子自己做决定。

3.给孩子正向引导

尊重孩子的选择并不能保证孩子每一次选择都是正确的,因此父母在尊重孩子选择权的同时,还应培养孩子的辨别能力。对孩子合理的要求,要尽量支持或满足;反之,则应予以明确拒绝,让孩子从小就懂得明辨是非。

即使孩子做的决定是错误的,也不那么可怕。要让孩子不断地去尝试,去犯错,在错误中总结经验教训。同时,告诉孩子每个人都要对自己的选择负责任,并引导他走上正确的道路。

4.孩子遇到问题,鼓励自己解决

(1)孩子过来询问时,反过来先询问他。遇到困难,没有信心自己解决的孩子会过来询问:"妈妈,能帮帮我吗?"如果妈妈不管情不情愿都给予帮助,就会让孩子一次次错失自己做决定的机会。这个时候,不如反过来问问孩子:"你遇到了什么问题?""你觉得哪里做不到?""你是怎么想的?""你觉得自己能做到哪一步?"用这些问题引导孩子主动思考,他才能为自己努力。一旦形成习惯，日后可能就不会遇到问题先来寻求帮助，而是自己先把各种问题考虑好。

（2）点拨孩子，让他发现解决问题的关键点。可以在询问孩子的过程中，帮他把问题分析透，但却没必要直接帮忙。我们可以点拨孩子，让他自己去发现解决问题的每一个关键点。比如，提醒孩子反思他的行为，思考哪里没做到、哪里没做好；如果要解决眼前的问题，他之前的哪个行为可以改动一下。再如，提醒孩子关注细节，从细节出发去解决问题……只要父母不过分包揽，就容易唤醒孩子的主动性。

（3）鼓励孩子自己决定，并支持他的决定。不自信的孩子一般不敢做决定，他觉得自己的决定不够令自己信服，也不相信这个决定可以帮他解决问题。这时候，对于他的决定，不管对错，我们都应该予以支持。同时，要肯定孩子正确的决定，并引导他按照自己的决定去行动，让他看到成功的可能性，这会增强他的自信心。如果决定是错误的，也没关系，父母此时的态度很关键，不要嘲讽，而要肯定他的勇气，并和他一起分析问题，再次引导他独立思考，并重新做出正确的决定。要让孩子意识到，父母支持的是他敢于自我决定的表现，是他敢于挑战自我的勇气。

夸奖孩子，赞美孩子

与赏识背道而驰的抱怨，就像凛冽的风暴，会无情地席卷孩子那脆弱的心灵世界。

"你怎么这么笨,这点小事都办不好!"

"瞧瞧 XXX 家的孩子,样样都比你强!"

如此尖刻的抱怨之语就像一把把锋利的匕首,深深刺伤孩子的自尊心。在抱怨的阴影笼罩下,孩子极易陷入自我否定的泥沼,内心深处坚定地认为自己诸事皆不可为,处处低人一等。长此以往,孩子的自信心就会轰然崩塌,性格也可能变得孤僻怯懦,遇到问题只会畏缩不前。

每一个生命都在追寻快乐、逃避痛苦,生命需要赏识。从小缺乏赞美的孩子,经常听到别人家的孩子怎样怎样,他们的心理很容易走向两种极端:一是羡慕别人家的孩子,渴望成为别人家的小孩;二是忌妒或者憎恨别人家的孩子,甚至因为父母总是夸赞别人家的孩子,而故意伤害对方。反之,如果孩子每天都能从父母那里收获赞美和鼓励,内心就会充满温暖和光明。

美国作家马克·吐温曾经说过:"一句真诚的赞美可以让我多活两个月。"任何人都喜欢听别人的赞美,而不喜欢被别人批评。尤其是对于青春期的孩子来说,一句表扬的话,不仅可以让他们更加自信,还会增强他们面对挫折和磨难的勇气和力量。那么,如何夸赞孩子呢?

1. 夸赞要真诚

夸赞孩子,并不是简单地使用"你真棒""你好厉害"这样的泛泛之词。真正的夸赞,需要源自内心的真诚,它要求我们观察和感受孩子每一个细微的进步和闪光点,然后由衷地表达出来。比如,"你今天主动帮忙收拾碗筷,真是太棒了!看到你学会了负责任,妈妈感到非常骄傲。"这样的夸赞是基于事实的,显得尤为真诚,能够让孩子感受到被看见、被重视的幸福。

2.夸赞要具体

父母具体指出孩子的优点或成就，让孩子不仅能感受到被认可的喜悦，还能清晰地认识到自己的长处所在，从而更加自信地面对未来的挑战。比如，"你的画色彩搭配得真好，每一个细节都处理得很到位，一定能考上美院。"这样的夸赞，不仅会让孩子知道自己在哪些方面做得好，还能激发他们的兴趣和动力，让他们在未来的学习中更加专注和投入。

3.夸赞后，可以提出期望和要求

夸赞并不是无原则的溺爱，适时地提出合理的期望和要求，是对孩子负责的表现。在夸赞之后，用温和而坚定的语气表达对孩子未来的期待，可以帮助他们树立目标，激发内在动力。例如，"看到你今天在学校的演讲中获奖，妈妈很高兴。我相信，如果你继续保持这份勇气，多参与学校活动，你的表达能力会越来越强。"这样的沟通方式，既能保护孩子的自信心，也能为他们设定成长的小目标。

4.批评后，用夸赞打个补丁

在教育过程中，批评在所难免，没有批评是不现实的，关键在于如何修复批评可能带来的情感伤害。批评后，及时用夸赞作为补丁，可以缓和气氛，让孩子感受到批评背后是父母的爱与期待。比如，"你今天对姥姥没礼貌，这是不对的。但你意识到自己的错误，向姥姥道了歉。这份知错能改的品德难能可贵。"这样的处理方式能将让孩子明白，错误是成长的垫脚石，而他们的努力和态度同样值得被看见和赞赏。

5.夸赞孩子的金句

以下是赞美孩子的必备金句,供大家平时使用。

(1)对孩子行为的肯定

——你愿意帮助学习差的同学,是乐于助人的表现!

——这是个好主意,你是怎么想到的?

——你竟然在我还没说之前就做好了,真不错!

——这件事情我认为你做得对。

——这真是一幅杰作,你是怎么想到的?

——这幅作品真是太奇妙了,只有你能创作出来。

——你进步真快,简直超乎我的想象。

——这事做得不错。

——你学得真快,超过了我的要求。

——好极了,我赞成。

——你做得很出色,我为你点赞。

——这真是一件令人愉快的事。

——你做得漂亮极了!

——你的看法有道理!

——这个蛋糕怎么做的?教教我!

——你的阅读能力很强!

——你每天都有一点进步!

——你能反思,愿意改变,真好!

——你今天的演讲真生动!

——你今天做得比以前好！

——你今天做了不少事啊！

——我看到了你的努力。

——干得漂亮（互相击掌）！

——好（竖起大拇指）！

（2）对孩子人格的赞美

——你能够承担责任，了不起！

——你真的很能干，做得又好又快！

——你真的长大了，我看到了你的沉稳。

——你很有天赋，能够把感受表述得这么恰当！

——你是个有分寸的孩子，知道什么该做什么不该做！

——你是个好孩子，真的很善良。

——你是一个勇敢的孩子！

——你有做好事情的决心！

——你真的很可爱！

——你是个意志坚强的孩子！

——你很负责任！

——你有冒险精神！

（3）通过父母的感受来表达肯定赞美

——好啊，你愿意这样做我很开心。

——我喜欢你现在的样子。

——你做的事情，让我很感动！

——我真的很喜欢你，你很贴心。

——你这样说，我听了真高兴！

——真高兴你有这样的表现！

——真幸运有你这样的孩子！

——真高兴你这么快就想出来了！

（4）通过对父母的意义表达肯定赞美

——我因为你得到了很多快乐。

——你帮了我一个大忙。

——你对我很重要。

——你真让我自豪！

——你是妈妈的骄傲！

做出及时、恰当的应答

在超市排队等结账的时候，前面正好站着一对母子。

孩子手里拿着一袋小饼干在玩，妈妈在一旁拿着手机，可能是在看朋友圈。

孩子踮起脚尖，把饼干放在自己的胳膊上，努力保持着平衡，对妈妈说："妈妈，你看我，你看我。"

妈妈看了一眼，发出一声"嗯"，然后接着看手机。

没有了妈妈这个观众，杂耍的小把戏不被欣赏，孩子脸上那种兴高采烈的骄傲神情一下子暗淡下去了。

显然，孩子之所以让妈妈看，目的是跟妈妈分享自己的乐趣，也希望把妈妈的注意力从手机拉回到自己的身上，想要获得更多的回应。结果，妈妈跟孩子并不在一个频道上。妈妈根本就没意识到，她的做法忽略了孩子的感受，容易影响孩子的性格和亲子关系。

有句话说得好，"爱的反义词不是恨，而是遗忘和忽略"。不管孩子说什么，父母都冷漠敷衍，孩子就会觉得自己没有存在感，不被爱。

对孩子来说，被父母无视的感觉，约等于被抛弃，会让他们觉得害怕。偶尔几次被父母忽略也许没什么关系，但经常性地被父母冷漠地回应，则会对孩子的心灵造成严重伤害。

事实上，孩子要的不是父母的陪伴，而是陪伴的时候父母能回应他，包括眼神、身体、言语，并能及时察觉他的喜怒哀乐。这种童年时期与父母的互动，对孩子的心理成长至关重要，它决定了孩子童年的幸福感和安全感。

1. 回应孩子内心的需要

当孩子说起或询问一件事情时，最好的反应不是针对事情本身，而是针对事情背后的需要。

妹妹抱怨说，最近妈妈给她买的零食比哥哥的少，妈妈怎么回应妹妹的抱怨呢？

一种妈妈否认妹妹的抱怨："没有呀，你和哥哥的一样多。只是哥哥的看起来比较多。"

一种妈妈讲道理："哥哥比你大，他需要的东西比你多，应该多买一些，等你到了哥哥的年龄，你需要的也会多一些。"

这两种做法都会破坏妹妹的好心情。智慧的妈妈会透过妹妹的抱怨，看到妹妹真正想要的是父母的看重，而不是零食的数量，反而会问："这些妈妈精心为你准备的零食你不喜欢吗？"

孩子不满的真正原因，是他们对爱的渴望。当父母能看到孩子抱怨背后的需要，就不会与孩子无休止地争论了。

2. 回应孩子对事件的感受

当孩子提起一件事时，不要就事情本身回应他，而要就孩子对这件事的感受做出回应。比如，当孩子回到家不停抱怨他的朋友、老师或同学时，最好顺着孩子的话回应，不要先试图查明事情的真相，更不要告诉他们睿智的解决方案。

举个例子。

男孩在学校跟老师发生冲突，被停课两天。他背着书包回到家，把书包重重摔在沙发上。

男孩："这个不讲理的老师，我已经道歉了，同学也原谅我了，偏偏就他揪住我不放！"

妈妈："我感觉你特别愤怒。"

孩子："气死我了。他居然当着全班同学的面让我罚站！"

妈妈："被罚站确实很尴尬。"

孩子："当时差点忍不住跟他吵起来！"

妈妈："当有人伤害我时，我也会这么想。"

孩子："我想玩会儿手机，再去写作业。"

妈妈:"你的事情你决定。"

当孩子情绪非常激动时,最好的回应就是理解他的感受,让他觉得自己的感受跟正常人一样,进而获得安抚。由此可见,安抚情绪最好的方式就是理解。

3. 回应孩子的担忧和期待

当孩子陷入沮丧、失望,对自己做出负面评价时,家长要传递对孩子的正向期望。

举个例子。

孩子说:"我这次数学又考砸了,看来我真的学不好数学。"

如果你告诉他:"是的,你对数字没感觉。"

孩子很可能会对自己更加失望,觉得自己真的学不好数学。

如果你说:"不要拿成绩说事,你再努力点肯定会赶上去的。"

这么说不仅对孩子没多大帮助,还会伤害他的自尊心,削弱他的自信。

其实,你完全可以用诚挚且理解的方式来表达,比如:"对很多人来说,数学是一门很难的课程。""你一定很担心不及格。""你一定很担心我们会对你失望。""妈妈相信你已经很努力了,你肯定想把数学考好。"

有人说:"每一种情绪的背后,都藏着一个未被满足的需求。"当孩子被强烈的情绪裹挟时,家长要先放下评判和指责,洞察孩子真正的需求,并引导其表达出来。

给孩子积极的心理暗示

想想看,当你看不惯孩子的某种行为和表现时,是否也曾如此数落过孩子?

"你这孩子真是太懒惰了!"

"你为什么总是这么磨蹭?"

"你为什么总不把东西放回原位?"

其实,反复强调或责骂,不但解决不了孩子的问题,反而可能强化你对孩子的负面暗示,相当于告诉孩子:你就是这样的。只有给孩子积极的心理暗示,向孩子传递正能量,才能激发孩子的内驱力,让他们更好、更健康地成长。

积极的心理暗示能让孩子迅速进入一种乐观状态,带来认知、情感和行为的转变,让他们变得镇定、注意力集中和感觉敏锐。那么,如何对孩子进行积极的心理暗示呢?

1. 正面积极的语言激励

当孩子取得进步的时候,父母要及时告诉他:"你付出了这么多,肯定比上次好。""你这段时间这么刻苦用心,进步是天道酬勤的印证。"也可以和他击掌,用坚定的语气说:"我相信你将来还会取得更大的进步,也相信你的潜力很大,你也要相信自己哦!"

当孩子遇到挫折时,父母可以说:"我知道这有难度,但努力的目的就是超越自己,把以前能做到的事情做得更好,做到自己以前无法做到的事情,才能实现自我成长,才是真正的超越自我。"

这样的语言,既肯定了孩子的努力,又表达了我们对他的信任,能够让孩子更加充满信心地去面对未来的挑战。

2. 多给孩子阅读名人名言

牛顿说:"如果我看得更远,是因为我站在巨人的肩膀上。"名人名言像一座思想的高山,凝聚着名人一生的经历、阅历和智慧。比如,爱迪生说"天才就是百分之九十九的汗水加上百分之一的灵感",这句话暗示孩子勤奋的重要性。郑板桥说"咬定青山不放松,立根原在破岩中",则暗示孩子要意志坚定。

3. 借助神态、表情进行积极暗示

孩子在婴儿时期就能从父母的表情中读取信息,从而判断事情的好坏。所以,父母的面部表情也会对孩子的心态产生影响。例如,孩子被凳子绊倒了,若妈妈慌忙跑过去将孩子扶起来,满脸心疼自责,孩子看到妈妈紧张,就会放大自己的情绪,觉得自己摔得真的很疼。

孩子在成长路上难免会遇到困难和挫折,父母只要给孩子一个鼓励的眼神,或许就能提升他们的自信心,增强他们战胜困难的勇气。

4. 建立积极的语言体系

一个让孩子变得更好的方法,就是在孩子面前建立积极的语言体系。

所以，想让孩子成为什么样的人，就要多跟他说与之对应的积极语言。

（1）想让孩子阳光自信，就对他说：

你有很多优点，你在闪闪发光；

无论怎样，妈妈都支持你；

先相信自己，别人才会相信你。

（2）想让孩子勤快整洁，就对他说：

你帮我洗碗和晾衣服，真是个好帮手；

每天整理书桌，你很有条理；

幸好有你，在我不舒服时把房间打理得井井有条。

（3）想让孩子上进，对他说：

你取得进步，和你的努力分不开；

坚持下去，你就会发现自己很优秀；

你想要的成绩，靠你坚持努力才能获得。

（4）想让孩子自律独立，就对他说：

放学回来，你没有立刻拿起手机，这很好；

同学说脏话，你没有跟风模仿；

你很独立，自己的事情自己做。

（5）想让孩子有安全感，就对他说：

不管发生什么，我都跟你站在同一边；

我会一直爱你，你可以反复向我确认；

需要帮助的时候，记得我们在你背后。

（6）想让孩子勇敢坚强，就对他说：

你输了比赛却没有气馁，你很坚强；

你每天都在努力学习，我都看到了；

虽然害怕，你还是愿意尝试。

（7）想让孩子有主见，就对他说：

妈妈想听听你的想法；

你要认真思考老师的话，但不必盲从；

如果你不想做某件事，提前说出来。

（8）想让孩子有修养，就对他说：

要尊重别人的意见，即使你有不同的看法；

你虽然取得了成功，但不要瞧不起别人；

控制住情绪，不要乱发脾气。

（9）想让孩子热爱学习，就对他说：

你认真学习的样子，很迷人；

做完作业再玩，没了负担，会玩得更尽兴；

成绩固然重要，但努力的过程更重要。

（10）想让孩子守规矩，就对他说：

你没有在公共场合大喊大叫，这很棒；

你没有打断别人说话，这种尊重别人的行为很好；

你没有随意拿别人的东西，你很有教养。

（11）想让孩子学会拒绝，就对他说：

别人让你感到不舒服，要表达出来；

不想答应别人的请求，可以委婉拒绝；

不想跟别人分享自己的东西，要礼貌拒绝。

（12）想让孩子直面情绪，就对他说：

不开心可以哭，不用憋着；

发泄情绪没关系，但不能伤害关心你的人；

你不高兴，需要我陪你吗？

第七章
互动教养中的能力培养

通过亲子互动培养孩子的学习力

孩子一旦失去自信,心灵就会笼罩在自卑的阴影之下,学习力也会随之消散,书本不再是开启智慧的钥匙,而是变成沉重的锁链,束缚着他们的心灵。那么,如何培养孩子的学习力呢?亲子互动就是有效的方法之一。

正在上高一的晓润数学成绩不太好,他就像一艘迷途的小船,拼尽全力却仍难寻觅方向。为了逃避残酷的现实,他沉浸在虚拟的网络世界中,寻找难得的成就感和心理满足。他开始日夜颠倒,白天如同行尸走肉,夜晚则精神焕发,对游戏的虚幻世界留恋不舍。

看着儿子日渐消沉,爸爸妈妈感到非常难过。他们看到了儿子的变化,却无法阻止他陷入沉沦。最终,为了儿子的健康,他们不得不做出了让儿子暂时休学的艰难决定。

回到家里,晓润变得更加沉默寡言,内心像有一扇紧闭的门,将父母的关心和询问统统拒之门外。为了打开儿子封闭的内心，了解他的心理世界，让他重新找回对学习的热情和对生活的热爱，妈妈化身游戏伙伴与儿子建立了联系。在妈妈的耐心引导下，儿子逐渐敞开了心扉，坦诚地分享了对失败的恐惧和焦虑，以及对父母的复杂情感。

通过深入的心灵对话，妈妈发现晓润在数学学习上遭遇了困境，然后针对他的学习情况制订了一系列学习策略和方法，鼓励他从基础起步，逐步建立对数学学科的信心与兴趣。

妈妈不再简单地强调成绩，而是更多地理解儿子的感受。她努力保持耐心和温和，倾听儿子的心声。每当儿子表达自己的困惑和不安时，她都会给予积极的回应和鼓励，让他感受到来自家庭的温暖和支持。同时，妈妈也开始关注儿子的兴趣和爱好，鼓励他追求自己喜欢的事情。她发现，当儿子投入自己热爱的事情中时，眼里会闪烁出前所未有的光芒。这种光芒不仅让儿子感到快乐，也让她看到了儿子未来的无限可能。

经过一段时间的努力，晓润的数学成绩显著提高，对数学的恐惧和焦虑也逐渐消失。更重要的是，晓润重新找回了对学习的热情，开始积极参与各种课外活动，与家人和朋友的关系也更加融洽。

看到儿子的变化，爸爸妈妈感到无比欣慰和自豪，也庆幸自己曾经做出了艰难的决定，给儿子争取到时间做出改变。

强大的学习力不仅能够让孩子快速吸收新知识，更能在实践中灵活运用，将知识转化为解决问题的能力，从而在激烈的竞争中脱颖而出，为自己的人生打下坚实的基础。因此，提升学习力不再是简单的锦上添花，而是孩子通往成功之路的必修课。

良好的亲子互动，不仅能让孩子感受到爱，也能从内心深处激发孩子的学习力，让学习成为爱的延续而非压力。那么，为了提高学习成绩，如何跟孩子互动呢？

1. 建立有希望感的目标

从孩子的成长来看，每个阶段所能完成的事情各不相同，父母可以根据孩子自身的能力范围设立学习目标，给孩子一种"我努力了，就能达到的希望感"，如同"跳一跳，摘个桃"。在亲子沟通时，要鼓励孩子以自己的成长经验作为参考，切莫以父母的成长经验或其他孩子的成长经验作为参考。

2. 欣赏孩子的闪光点

每个孩子都有属于自己的"了不起"的方面，父母要以欣赏和好奇的视角去发现它们，帮助孩子看到和放大这些"了不起"的闪光点，增加孩子的自信心和成就感。要让孩子的好成为父母的骄傲，而不要让孩子觉得他的好是因为外在的附加因素，而非源自于自身价值。

3. 协助孩子学习

换位思考有助于理解孩子，并引导孩子看到他身边的资源。当孩子遇到学习困难时，父母要站在孩子的角度看问题，协助他一起思考："如果我是你，我可以怎么做？""除了这种方法，我们还可以怎么做？""假如困难依然存在，我们可以怎么做，让自己更容易接受一些？"

4. 做生活的探索者

学习是生活的一部分，生活中处处都有学习的影子。在日常生活中，父母要带着孩子探索生活中的"小课堂"，例如容易操作的小实验，厨房里的化学知识，旅途中的人文、地理和生物知识，阅历中的生活态度等。以探索的态度谈学习，可以增加孩子的学习趣味，激发他们的学习兴趣，培养动手能力和观察力等。

通过亲子互动培养孩子的创造力

在日新月异的21世纪，创造力被视为推动社会进步和个人发展的重要驱动力。它不仅关乎创新思维的培养，更是孩子未来竞争力的核心要素。因此，如何有效地培养孩子的创造力，成了父母的主要任务之一，而亲子互动就是一个培养孩子创造力的好方法。

有个男孩从小就是科技馆的常客，每次只要去了科技馆，他都会在里面待几个小时，玩各种富有创意的项目。科技馆里的设施经常更换，这些设施都是按照科学原理设计的，趣味性很强，男孩每次都玩得不亦乐乎。男孩反复尝试，不断琢磨，动手能力、创造力和思考能力都得到很大提升。

受科技馆创意项目的影响，男孩喜欢动手做小实验。他收罗了很多家里不用的纸盒，然后制作成各种作品，如飞船模型、火箭模型、火车模型等。看着这些富有创意的可爱作品，妈妈总是忍不住夸奖他的创造力："你真善于动脑筋，会创新，制作的作品真棒！妈妈很喜欢！"

妈妈认识到儿子在创造力方面具有天赋，因此着重在这方面培养他，给他创造机会接触创新成果。男孩的创造力越来越突出，并能在实践中体现出来，设计出富有创意的作品。

有一次，男孩花了两个晚上的时间，用手头可以获得的物品做了一座非常坚固、美观的大桥，得到了妈妈的高度赞扬："你特别有创造力，在设计方面十分有天赋。"

创造力不仅是艺术家和发明家的标签，更是孩子成长道路上不可或缺的重要能力。它不仅关乎孩子未来的职业竞争力，更是他们个性成长、情感发展的重要组成部分。它像一把钥匙，可以开启孩子想象的大门，激发他们的创新思维，为未来的学习和生活铺设多彩的道路。

创造力是想象力的翅膀，它能让孩子突破现实的束缚，飞向梦想的彼岸。充满创造力的孩子能从一块简单的积木中看到城堡的轮廓，从一片落叶中想象出森林的秘密。这种想象力将会让他们更加热爱生活，并为世界创造出更多价值。

在解决问题的过程中，创造力能让孩子从不同角度思考问题，探寻异于常规的解决方案。当孩子通过创造力实现自己的想法时，会获得巨大的满足感，从而增强自信心。这种自信将伴随他们成长，构成人格的一部分，成为他们面对挑战时的坚强后盾。

那么，如何在互动过程中培养孩子的创造力呢？

1. 让思维跳跃起来

首先，全家人出游时，不要只是沉默地看风景，而要玩"联系在哪里"的游戏。这个游戏很简单，每个人轮流说出一个词，让第三个人找出前两个词之间的联系，这个联系可以是非常富有创意的。比如，"苹果"和"月亮"，孩子可能会说："月亮上有个巨大的苹果园，里面的苹果都是银色的！"这样不仅能让孩子的大脑活跃起来，还能培养他们的联想思维和创造力。

其次，可以给孩子推荐几本书。好的书籍寓教于乐，能够让孩子在享受故事的同时，学会如何建立事物之间的联系。

2.好奇心是创新的源泉

孩子放学回到家，不要只问"今天过得怎么样？"可以试着换个方式，问问孩子"你今天问了什么问题？"或者"有没有什么问题想问但没时间问的？"这样的提问能够引导孩子从被动接收信息转为主动探索知识，培养他们的好奇心和批判性思维。

当孩子遇到家庭琐事或学习上的难题时，父母可以坐下来，跟孩子一起列出10个甚至更多的问题。比如，如果孩子对地理不感兴趣，可以问："你为什么觉得地理枯燥？怎样才能让地理变得更有趣？"这种提问方式能激发孩子的内在动力，促使他们寻找解决问题的新途径。

3.细节中藏着大智慧

一方面，可以带孩子去你的工作场所，让他们亲眼看看大人工作的世界，你就会发现，孩子对周围环境的观察力和好奇心简直超乎你的想象。他们可能会注意到一些你习以为常的细节，提出让你意想不到的问题。这样的经历不仅能增进亲子关系，还能培养孩子的观察力和感知力。

另一方面，定期散步也是个好主意。无论是在熟悉的公园还是陌生的街道散步，都要鼓励孩子调动视觉、听觉、嗅觉、味觉、触觉等全方位地去探索世界，并记录下他们的发现和感受。你会发现，孩子的视角总能带来不一样的惊喜。

4. 学会倾听，勇于表达

有时候，孩子能从独特的角度给出解决方案。当你遇到工作难题或挑战时，不妨征求孩子的意见。孩子感受到自己的想法被重视，不仅能增强自信心，还能学会如何与人有效沟通、集思广益。

此外，可以组建"攻关小组"。邀请几位拥有不同背景的朋友或邻居，一起讨论家庭、学校或社区的问题，让孩子在多元的环境中学习如何与人合作，共同寻找最佳解决方案。

还可以带孩子参加一些跨文化交流活动，例如，邀请国际友人共进晚餐，让孩子了解不同文化背景下的生活方式和思考方式。这样的经历能拓宽孩子的视野，培养他们的全球意识和跨文化交际能力。

5. 动手实践，勇于尝试

让家成为孩子的"创新工坊"。例如，你可以在家中摆设一件放置不当的物品，观察孩子的反应，并借此讨论家庭责任。你也可以和孩子一起拆解旧家具、旧家电、旧玩具等物品，探索它们的内部构造和工作原理。这样的活动不仅能激发孩子的好奇心，还能培养他们的动手能力和解决问题的能力。当然，也可以带孩子去旧货市场，寻找一些可以拆解的物件，一起动手拆解，看看能发现什么新奇的东西。这样的经历可能会成为孩子未来职业兴趣的起点。

设计模型也是孩子喜爱的活动之一。无论是用积木搭建梦想中的城堡，还是用彩泥塑造各种形状，都能让孩子在创造的过程中体验到创新的乐趣。我们要鼓励孩子大胆尝试，即使失败了也没关系，因为失败是成功的垫脚石。

最后，带着孩子一起旅行。无论是看国外的异域风情，还是逛周边未曾踏足的小城，都是让孩子感受新事物的好机会。家人一起品尝当地的食物，了解当地的习俗、产品和服务，孩子就能亲身体验不同文化的魅力，变得更加开放和包容，让他们的创新之路更加宽广。

总之，孩子是潜在的创新者，关键在于我们如何引导和激发他们的潜能。我们要努力成为孩子创新路上的引路人，用爱、耐心和智慧，陪伴他们一起成长，一起探索这个充满无限可能的世界。

通过亲子互动培养孩子的合作能力

未来社会充满了竞争，也更加重视合作。现在的孩子由于生活条件优越，不仅没有较强的竞争能力，而且缺乏合作精神。父母要有意识地引导孩子树立合作意识，支持与鼓励孩子参加各种活动。

有个女孩从两岁多就开始跟妈妈进厨房了，最开始她只能帮忙择菜。妈妈发现女孩比较喜欢厨房里的事物，就利用她的兴趣，跟她一起合作做饭。

做饭之前，妈妈会先告诉女孩今天要做什么饭，有什么流程，然后问爸爸和女孩："请问谁来蒸米饭？"爸爸把手高高举起，说："我。"其实，这是妈妈跟爸爸提前约定好的，就是为了给女孩做示范。然后，妈妈会问："谁来择菜？"女孩就会把手高高举起，说："我。"

就这样，女孩从择菜开始跟妈妈一起做饭，后来还可以帮忙放调料，到了5岁就开始帮忙洗菜了。7岁时，女孩就能独立做一些简单的饭菜了。

平时遇到清洁类的家务，妈妈也会把打扫的目标和重点说出来，然后邀请女孩合作完成。基本的流程大概是，妈妈收拾整理东西，女孩拎着吸尘器吸各种杂物，爸爸跟在女儿后面拖地，这样很快就能完成一项工作，最后大家相互表示感谢。

每次去超市采购的时候，妈妈也会有意地寻求女孩的帮助。例如，妈妈会假装拎不动，让女孩帮忙一起拎。

在家里，爸爸也有很多事情跟女孩合作。比如，一起修自行车，让女孩先观察哪里出了问题，然后一起想办法解决。在修理的过程中，他还会让女孩选工具、递工具等。

每次合作之后，爸爸妈妈都会给女孩一个大大的鼓励，让女孩体会到合作的成就和乐趣。

德国思想家歌德曾经说过："不管努力的目标是什么，不管他干什么，他单枪匹马总是没有力量的，一切善良思想的人的最高需要永远是合群。"现代社会竞争异常激烈，单枪匹马的独行很难取得较大的成绩，只有善于与人合作，才能获得更好的发展机会。与人合作，也将成为孩子进入社会的重要技能。

一个人的智慧、力量终究是有限的，但在团队合作与协调中，大家却能释放出更大的潜能，也可以帮助孩子更好地解决复杂的问题，促进个人成长、建立自信心，以及养成自律的习惯。

要想培养孩子的合作能力，当孩子初步出现合作意识时，父母需要及时引导，帮助孩子形成正确的合作观。那么，怎样培养孩子与人合作的能力呢?

1.让孩子懂得与人合作的重要性

在日常生活中,许多事情必须两个或者两个以上的人合作才能完成,只靠一个人的力量是无法做到的。父母可以利用这种机会,让孩子体验个人无法完成的挫折感,从而懂得与他人合作的重要性。

2.让孩子体验合作的乐趣

成功的合作能够让孩子产生良好的体验,这种体验将会带给孩子无穷的乐趣,进而促进孩子的合作意识和合作行为。在多子女家庭里,可以将任务交给孩子们共同完成,让孩子体验到成功合作的乐趣,形成积极的正向反馈。

3.鼓励孩子与同伴交往

交往是孩子获得合作能力的基本条件,有利于养成合群的性格,消除孩子执拗和孤僻的倾向。父母要鼓励孩子与同伴交往,扩大交友面,培养孩子的亲社会行为。

4.让孩子与同伴共同承担一定的任务

想要提高孩子的交往能力,可以让孩子分担一些任务,以便让孩子与同伴通过必要的交往与协作来完成总体任务。否则,就会变成单干,不利于培养合作精神。需要注意的是,一旦交给孩子任务,就要鼓励他积极与同伴协作完成,即使遇到困难或发生争执,父母也只能提供咨询,而不要代替他完成任务。

通过亲子互动培养孩子的社交能力

孩子与他人的关系，影响着他们的自我评价。有益的人际关系，会对孩子产生积极正面的影响。不会与人交往的孩子，跟他人相处比较困难，容易出现问题，进而影响孩子的合作能力、自尊心、自信心和心理健康。

看到儿子终于进入小学，成为一年级的小学生，周女士一家都感到高兴。为了庆祝孩子上学，全家人还特地在开学当天的晚上吃了一顿火锅。可是，周女士的这份喜悦很快就被情绪低落的儿子冲淡了。

儿子告诉周女士，他在学校里交不到朋友，老师分学习小组的时候，没人愿意邀请他一起，平时也没有同学找他玩。从入学第一天开始，儿子始终独来独往，整天都郁郁寡欢，连学校都不想去了。

看到儿子这种状态，周女士非常着急。她知道，儿子之所以会将在学校里的情况告诉她，肯定是希望得到关爱、理解和回应。于是她对儿子说："你在学校没朋友，妈妈知道你很难过。"

儿子知道自己得到理解，感觉好受一些了。

遇到这种情况，有些父母会责怪孩子制造麻烦，抱怨孩子怎么这么差劲啊，连同学都不跟他玩；有些父母还会数落孩子，甚至批评和否定孩子。明智的父母则会从心理上和方法上给孩子以指导。心理上，父母要用自己小时候的经历告诉孩子，在这个年龄段我也遇到过类似问题，打消孩子的顾虑；并让孩子知道，自己永远是孩子最好的朋友，会随时给孩子提供帮助。方法上，父母要给孩子一些切实的指导，比如跟同学说话时要有礼貌，将"谢谢"二字常挂嘴边；要乐于分享、乐于助人，但不必讨好别人；要了解同学的兴趣爱好，找到共同语言；要发挥自己的优势，靠能力提升个人魅力……孩子心理上有了社交底气，方法上又有清晰路径，自然就能顺利交到朋友。

大量事实告诉我们，孩子将来能否适应社会、能否处理好各种人际关系、能否承担起应尽的社会责任，在很大程度上取决于青少年时期的生活经验和所接受的教育。父母的教养方式集中地反映了父母对孩子的态度和教育观念。那么，怎样的家庭教养方式和亲子互动模式能更好地培养孩子的社交能力呢？

1. 少一些说教，多一些分享

父母带着强烈、明确的目标，对孩子的言行进行教育，希望孩子变成自己心目中期望的样子，很可能会让孩子陷入情绪陷阱。只要父母开始讲话，孩子就会感到不愉快，就会觉得自己被说教，继而排斥或抗拒父母。懂得分享的父母，和孩子处于平等的地位，会在融洽的氛围中，表达自己的观点、感受和体验，不强迫孩子接受。因此，要想培养孩子的社交能力，平时就要这样做：

（1）不把孩子同他人作比较。每个孩子都是独一无二的，都有自己的闪光点，父母不要拿自家孩子跟别人家的孩子作比较。父母应多关注孩子的优点，鼓励他们做出好的行为，引导他们正确评价自己。

（2）倾听孩子的话语。只有善于倾听，才能知道孩子想什么、关注什么和需要什么，才能有针对性地给予孩子关心和帮助，从而使以后的沟通变得更加容易。因此，在和孩子沟通时，父母要多听少说。

2. 少些金钱补偿，多些陪伴

因为工作繁忙，没有时间陪伴孩子，很多父母想通过其他方式补偿孩子，比如给孩子更多的零花钱、满足孩子的一切要求等。如果父母经常做这样的事情，那么孩子就会利用父母的愧疚心理提出种种不合理的要求。其实，与其用补偿的方式求得孩子的心理认同，不如多多陪伴孩子，同时提高陪伴的质量。

（1）全情投入。和孩子游戏时，果断放下手机，全身心地陪孩子沉浸在游戏情境中；在游戏中同孩子对话，体会游戏角色的情感，与孩子产生共鸣；按照孩子的节奏开展游戏，不中途离开，更不敷衍。

（2）眼神交流。陪伴孩子时，鼓励孩子与自己进行眼神交流，引导孩子养成边说边观察的习惯，这对孩子掌握社交技能意义重大。

（3）回应感受。父母要积极回应孩子的感受，可以告诉孩子"我理解、尊重你的感受"，而不是"我要消除你的伤心、失落、孤单"。因为伤心、失落、孤单是孩子成长过程中必然会产生的情绪，需要他们自己去面对和解决。

（4）鼓励表达。父母的共情、恰当提问，能鼓励和引导孩子学会合理表达。例如，在亲子阅读中，父母可以结合故事内容问孩子："如果遇到相同的困难，你会怎么办？"

3. 少些包办替代，多些尝试

在社交过程中，有些孩子之所以表现得畏缩、固执而自我，原因之一就是父母的包办替代。要想帮孩子建立自信，完善人格，父母就要改变亲子互动方式，减少包办替代，多给孩子一些亲身体验和尝试的机会。

（1）增加孩子实践的机会。父母应学会放手，引导孩子自己的事情自己做，如洗手、吃饭、穿衣服鞋袜、整理床铺等。此外，还可以信赖的口吻，委托孩子帮父母做一些力所能及的事情，比如叠被子、洗碗筷、拿东西等。

（2）积极开展亲子体育活动。以家庭为单位组织体育活动，不仅能让孩子享受到运动带来的乐趣，树立规则意识，还能磨炼孩子的意志。

4.少些独享，多些分享

如今，在很多家庭中，孩子都是家庭的焦点，拥有独享的特权，但太多的独享会让孩子觉得被偏爱是理所当然的。因此，在亲子相处过程中，除了要让孩子感受到爱，还要让他感受到共享和分享的快乐。

（1）不强迫孩子分享。强迫孩子分享，很可能会让孩子模糊分享的意义，误以为自己的需求不重要，甚至自己不重要。长此以往，孩子就会忽视自己的需求和意愿，形成不会拒绝别人的讨好型人格。学习分享，并不是简单地把东西分给别人，而是让孩子理解分享的真正意义——分享不仅能让我们交到朋友，还能通过分享让别人快乐，而自己也获得成就感。

（2）鼓励孩子制订分享方案。在家里，可以让孩子制订物品的分享方案，并说明理由。此外，父母可以通过追问等方式提出分享方案的不合理之处，鼓励孩子再次解决问题。

5.少些超前教育，多些公德教育

从表面上看，超前教育或许暂时解决了孩子的学习问题，但孩子在

"超前"的重压下学习和生活，心理会变得脆弱，既害怕失败，也不能面对和承受挫折。此外，父母只注重对孩子进行私德教育，如教导孩子懂礼貌、讲卫生等，就容易忽视对孩子进行社会公德的教育。

（1）做好榜样示范。模仿是孩子的主要学习方式，父母的公德行为是对孩子最好的示范，比如不随地吐痰、乐于助人等。因为人们都不喜欢随地吐痰的人，更不愿意跟自私的人交往。

（2）和孩子一起参加公益活动。社会公益活动是直接服务社会和公众的义务活动，带孩子参加一些公益活动，有助于培养孩子的爱心，如定期去孤儿院、养老院服务等。

通过亲子互动培养孩子的时间管理能力

有个11岁的男孩，读小学五年级。他聪明活泼，对周围的世界充满好奇，但在日常生活中，男孩有一个让家人颇为头疼的问题——做事拖沓，妈妈甚至还给他起了个绰号叫"小磨蹭"。无论是早晨起床、洗漱、吃饭，还是晚上完成作业、整理书包，男孩总能找到各种理由拖延时间，导致作息混乱，学习效率低下，而且严重影响了他的睡眠质量和第二天上课的精神状态。

男孩家是典型的双职工家庭，父母虽然工作很忙，但非常重视孩子的教育。面对男孩的"磨蹭"问题，父母起初采取的是催促、责备甚至惩罚的方式，但效果甚微，反而让男孩很是反感，亲子关系也一度紧张。妈妈是个有心人，很快就意识到问题的严重性，并决定寻求更科学、更有效的方法帮助男孩改掉这一不良习惯。

妈妈先通过耐心观察与沟通，发现男孩磨蹭并不是完全出于故意，而是由于他对时间没有概念，缺乏自我管理能力，同时也受到一些外部因素（如手机、电视）的诱惑和干扰。此外，男孩还表现出一定的完美主义倾向，总希望将作业做得尽善尽美，这也是他拖延的原因之一。

基于以上发现，妈妈与男孩一起制订了"时间管理小达人"计划。首先，他们共同设定了短期和长期目标，如"每天提前10分钟起床""晚上9点半前完成作业并上床睡觉"等。接着，妈妈引导男孩使用时间管理工具，如定时器、日程表等，帮助他建立清晰的时间观念和任务清单。

为了减少外部因素对男孩的影响，妈妈对家庭环境进行了调整。不仅规定男孩在学习和做作业期间不能接触电视和手机等，还在他的学习区域设置了"无干扰区"，确保他能够专心致志地完成作业。同时，妈妈还鼓励男孩在学习前进行短暂的放松活动，如深呼吸、听音乐等，以帮助他更好地进入学习状态。

在整个过程中，妈妈一直都在跟儿子互动，妈妈不仅是制订计划的参与者和执行计划的监督者，更是男孩的伙伴和支持者。她不仅与男孩一起回顾了计划的执行情况，总结经验教训，而且根据实际情况对计划进行调整和优化。同时，她还鼓励男孩参与家庭决策和规划，让男孩感受到自己在家庭中的价值和重要性。

经过一段时间的努力和实践，"时间管理小达人"计划取得了显著的成效。男孩逐渐改掉了磨蹭的毛病，变得更加自律和高效。这一转变让他的学习和生活变得更加有序和充实，也让他变得更加自信和乐观。

孩子拖沓、不够自律，主要原因之一就是孩子没有形成时间观念，不懂得正确管理时间。

其实，孩子的时间管理能力是可以通过亲子互动来引导和培养的，父母的支持是孩子成长道路上不可或缺的力量。下面我们就从时间管理的角度出发，提供一些解决孩子拖沓问题的小方法。

1. 帮孩子建立起时间概念

孩子对时间的感知比较迟钝，尤其是学龄前的孩子。要想让他们学会时间管理，首先要帮他们建立起"时间"的概念。如果孩子年龄比较小，父母可以通过日常的对话教孩子认识时间，最简单的就是从"早上、中午、下午、晚上"这些宽泛的时间开始，让孩子形成对时间和时间顺序的大概认识。比如，晚上回家后和孩子聊聊今天做了什么，让孩子按照时间顺序分享自己一天的生活，在潜移默化中提高孩子的时间敏感度。

对于青春期的孩子，父母应该帮孩子分清事情到底是"重要事件"还是"紧迫事件"，并根据事情的轻重缓急形成处理的顺序。孩子每天都有很多学习任务，父母要引导孩子制订每月、每周、每天甚至课堂计划。同时，要让孩子把薄弱学科安排在每天注意力最集中的时间段，把最擅长的学科安排在比较疲惫的时间段，把需要记忆的内容安排在每天的早晚，这样安排不仅兼顾了学习任务的轻重缓急，也符合科学规律，能够帮助孩子最大限度地提高学习效率。

2.孩子做事时给他设立时间期限

日常生活中，不管大事小事，都建议父母帮助孩子设立明确的时间期限。例如：7点前要收拾好行李；看半个小时电视，到时间就要关掉；在一周内一起看完这本书……为了提醒孩子遵守时间期限，父母可以定个闹铃。这种提醒的方式看似简单，其实很有效，能够让孩子意识到他做每件事情到底要花多长时间。至于期限的长短，则需要根据孩子的情况具体分析，除了写作业这种有明确时间限制的任务外，其他事情可以多留给孩子一些反应和缓冲的时间。

如果孩子仍然拖沓，总是超出时间期限，那么父母可以适当设计一些"惩罚"措施，让孩子体会到超时的后果。比如，看电视超过了规定的时间，第二天就相应地减少娱乐时间。

3.少催促，多提醒

时间管理终究是孩子自己的事情，我们只能教给孩子方法，不能代替孩子管理他们的时间。

反复催促会让孩子感受到父母的紧张、焦虑，同时也可能激起孩子的消极抵抗心理，导致出现"父母越催孩子越慢"的现象。久而久之，孩子会渐渐失去跟父母互动的兴趣。为了避免这种重复的催促，作为父母，可以给孩子一些清晰的提醒和指令，告诉孩子到了时间，该做什么事，并把具体的目标和后果明确地告知孩子。比如，早上出门时与孩子沟通。

不能说："立刻把衣服穿好，时间马上就到了！你不急吗？"

可以说："还有 15 分钟就要出门了，在这之前你还得穿衣服、洗漱、吃早饭，你觉得时间够吗？"

将"催促"变成"提醒"，反而能够提高孩子对时间的敏感度，激发孩子自主管理时间的内在动力。

第八章
互动教养中的品质塑造

亲子互动中如何引导孩子爱自己？

有个女孩因为皮肤黑、眼睛小，经常被同龄人嘲笑。随着年龄的增长，女孩的容貌焦虑逐渐加深。

有一天，女孩问妈妈："妈妈，我是不是长得很丑？"

妈妈："当然不，你很漂亮呀！"

"同学们都说我太黑了……"

"你不黑！"

女儿很失望地说："因为你是我妈妈，所以才会这么说。"

妈妈宽慰的话语最终没能让孩子好受一点。

这位妈妈拒绝承认孩子皮肤黑的特征，无形中表达了对孩子身上这一特点的不接纳，听起来更像是不理解孩子失落的心情。

遇到类似的情况，明智的父母反而会这样说：

"世界上有各种各样颜色的皮肤，每一种颜色都会有人觉得美，就像有的人认为小麦色是一种健康的肤色。"（告诉孩子，事物是多样的、多元化的。）

"眼睛小，但我们的眼神可以美丽，妈妈觉得你笑起来时眼睛很明亮……"（让孩子接纳自己的特点，更完整地认识自我。）

简而言之，就是不过度美化自我，承认自己身上那些不完美的存在并接受它们，让孩子明白自己既有优点，也有局限。

每个孩子都是独特的，要让孩子欣赏自己的独特之处，包括接受自己的外貌特征。这种自我接纳是孩子建立积极身体形象和自信的基础。比如，跟同学一起玩时，孩子需要正确对待长相普通的孩子、穿衣普通的孩子，或身有残疾的孩子。

自爱不仅关乎孩子的个人健康，也是他们形成稳定社会关系、应对挫折、建立自信的基础，因此我们要引导孩子提高自我认知，帮助他们学会爱自己。

1. 分享与尊重界限

爱自己，就要让孩子学会在分享与设定界限之间找到平衡。对孩子来说，分享是一种培养同情心和社会互动的方式。鼓励孩子与他人分享信息、图书或经验，有助于培养他们的合作精神和团队意识。与此同时，还要教会孩子在必要时保护自己的权利，学会礼貌地拒绝他人，建立起健康的自我界限，避免过度牺牲自己的利益。

2. 自尊与自信的建立

孩子的自尊和自信是自爱的核心组成部分。父母要教育孩子，让孩子知道他们的价值并非取决于他人的认可或与他人的关系。当孩子遇到社交挫折时，如朋友不再和孩子一起玩耍，父母要鼓励孩子保持自信，并告诉他们朋友关系的变化不是自己价值的反映。这种内在的自我价值感是孩子未来建立健康人际关系的基础。

3. 接受赞誉与挫败

孩子不仅要学会接受和感谢他人的赞誉，同时也要明白这些赞美不是永久不变的，不应该成为衡量自我价值的唯一标尺。当孩子遇到失败或挫折时，比如，图画没画好，我们要引导他们接纳"不完美"，鼓励他们从错误中学习，而不是陷入失落或轻言放弃。具备这种正向应对的能力，孩子长大后在面对生活的挑战时会更加坚强。

4. 情绪管理与坚韧品质培养

自爱的内涵，也包含情绪管理和坚韧品质的培养。面对困难和失败时，孩子需要保持积极的态度，这是他们内心力量的体现。父母可以通过角色扮演、故事分享或实例讲解等方式，教育孩子如何处理负面情绪，并鼓励他们在逆境中不放弃。

5. 自我保护与善良的边界

爱自己还包括了解如何在关心他人的同时保护自己，要让孩子认识到自己的善良和关心是有边界的。在跟他人的互动中，当孩子遭受不公平对待时，应该知道如何远离并寻求帮助。这不仅是一种自我保护的策略，也是孩子学会为自己的权利发声的重要一步。

6. 独立与求助的平衡

爱自己也意味着孩子能够独立解决问题，而且在必要时能够寻求帮助。父母不仅要鼓励孩子尝试解决问题，也要告诉他们：寻求帮助不是软弱，而是高效解决问题的路径。这种平衡有助于孩子在成长过程中培养自己的独立能力，同时学会社会互助。比如，跟同学打篮球，孩子投篮技术不佳，可以向父母或同学寻求帮助，改正自己的错误动作，提高投球技艺。

7. 竞争与接受失败

在竞争中追求胜利是一种自我提升的过程，但孩子也需要学会接受失败。父母应该告诉孩子：失败是成功的一部分。通过失败的经历，孩子可以学习到宝贵的经验和教训，这将帮助他们在未来的挑战中变得更加坚强和有韧性。比如，在家庭聚会中，孩子唱歌声音不高或跑调，要鼓励他正确认识自己的唱歌水平，找出问题所在，之后再加以练习，逐渐提高唱歌水平。

亲子互动中如何教育孩子更自信？

笔者曾在手机上看到一个男孩这样抱怨。

暑假期间，我在房间学习，妈妈时不时就要打开房门看看，生怕我在房间里偷偷玩手机。我感到心烦意乱，又不想和妈妈为此事争吵。我都上高中了，他们为什么还是这么不信任我？我感到很愤怒、很失望，每次妈妈进来检查后，我就不想认真学习了。

事实上，很多家庭都存在这种情况：父母一方面希望孩子自律、优秀，另一方面却又不信任孩子，经常通过监督、唠叨、控制等方式管控孩子。比如，为了防止孩子在房间玩游戏，有些家长甚至在孩子房间装摄像头，逼得孩子报警，称父母侵犯了自己的隐私权。父母自以为聪明的教育，实则违背了孩子成长的需要——被尊重、被认可、被信任，不仅收效甚微，而且容易引发孩子的叛逆心理，让孩子变得越来越不自觉。

"你必须相信自己，才能让别人相信你。"这句话揭示了自我肯定的重要性，而父母在帮助孩子建立自信心方面会起到关键作用。太多的理论和案例告诉我们：优秀的孩子，都是被信任出来的。

自我信任不仅是应对外部挑战的工具，更是孩子内心成长的基石。孩子只有建立自我信任，未来在面对各种挑战时，才能以更加自信和积极的态度去应对，这也是父母给孩子非常宝贵的礼物。

1. 让孩子自己的事情自己做

父母的溺爱会让孩子养成依赖心理，丧失动手能力，孩子自己生活时什么都不会，谈何真正独立？因此，要想让孩子独立，第一步就是让他学会自己的事情自己做。例如，让他收拾自己的房间、洗衣服、打扫卫生等。

2. 让孩子自己面对困难和挑战

苏霍姆林斯基说："儿童在成长过程中尝试做事情，就应该让他们去做，给孩子一个自由发展的环境，以帮助孩子更好地成长。"孩子其实并没有你想的那么脆弱，父母可以让孩子独立面对生活中遇到的一些困难和挑战。父母放手，会让孩子更加快速地独立，变得更自信。

3. 多鼓励和赞美孩子

生活中有很多父母对孩子的期望过高，常常摆出一副长者的面孔责备孩子，以为这样才是对孩子最好的教育，却忽视了赞美所带来的神奇效果。鼓励和赞美能带给孩子自信和力量，要想让孩子变得更加独立，就不能吝啬对孩子的鼓励和赞美。父母应该有一双发现美的眼睛，善于发现孩子做的正确的事情，并加以鼓励和赞扬。

在鼓励和赞美孩子的时候，需要注意方式方法，比如，赞美要"有节有度"，要"理由充分"。赞扬不能泛泛而谈，需要有具体的内容，注重赞扬努力的过程，而不仅仅赞扬努力的结果；赞美孩子的前提是要满足孩子的需求，尊重孩子的想法，而不是满足父母的需求和想法。

4.相信孩子的能力

很多父母因为担心孩子吃亏，害怕孩子犯错误，所以不停地帮孩子做决定，给孩子过多的指点。明智的父母会给孩子自己决定的权利，相信孩子有能力处理好自己的事情，不会把成人的担心投射在孩子成长的过程中。因为他们知道，孩子只有在不断修正错误的过程中才能真正得到历练，变得坚强、豁达、乐观、自信。父母只有试着放手，孩子才能成长得更快，不能低估了孩子的能力。

5.不要拿自家孩子跟其他人比较

"别人家的孩子"一直都是家庭互动中存在的困扰。拿自家孩子跟其他人比较，看似为了激励孩子向其他人学习，实则却容易让孩子产生自卑和挫败感，影响孩子的自信心。

其实，即使家人不进行比较，孩子也会不自觉地与同伴对标。但孩子有自己的认知和评价系统，如果父母再拿孩子跟别人进行比较，无疑就会雪上加霜。这种激将法也会降低父母在孩子心目中的形象，使得孩子对父母不信任甚至逆反。

父母应该善于发现孩子的优点,相信自己的孩子是优秀的,把赞美留给孩子,让他们在表扬中发现自己的长处,弥补自己的不足。

6. 不要当众批评或嘲笑孩子

尊重孩子,保护他们的面子,对孩子的成长来说极为重要。在亲子互动的过程中,父母千万不要当众批评和嘲笑孩子,以免造成孩子心理受伤,失去自信心。孩子犯错之后,父母要多理解孩子,多站在孩子的角度看待问题,不妨先听听他们的想法,然后再教他们正确处理问题。

父母当众批评孩子,非但不能解决问题,反而会使问题变得更糟,让孩子产生逆反和抵触情绪,以后想让孩子变得听话就难上加难了。

亲子互动中如何鼓励孩子自律?

以前看过一则新闻:

一位爸爸带着11岁的儿子畅游中国,将钱包交给孩子保管,一路上的时间安排、路途规划、吃、住等大小事全部交由儿子拿主意,爸爸只负责骑着摩托车载着他奔赴下一站。他们从福建出发,途经江西、安徽、江苏、山东、河北,抵达北京;然后再从北京出发,经过河北、山西、陕西、重庆、湖北、湖南、广东,最终回到福建。

虽然一路上都很忙,但孩子并没有落下功课,每天都会利用晚上的时间学习、做作业。同时,孩子每天晚上都会整理行李,规划好第二天的路线、剪辑旅行视频、记日记。

这段旅途让孩子学会了如何安排时间、如何制订旅行计划并合理调整，更在实践中培养出难能可贵的自律品质。

父母为孩子提供稳定的环境，有助于孩子预判日常活动，减少焦虑，并增强安全感。孩子知道了每天的流程，往往更容易遵守规则，因为他们知道接下来会发生什么。孩子学会了如何分配时间以完成任务，有助于提高时间管理技能。

康德说："自律即自由。"孩子要自己走未来的路，没有任何人可以代替，想要未来有更多的选择和机会，自律必不可少。让孩子养成自律的好习惯，既是解放孩子，也是解放家长自己。

在孩子的成长道路上，自律是极其宝贵的品质，它如同孩子内心的一把尺，丈量着他们面对任务时的决心与坚持。然而，自律并不是与生俱来的，需要父母通过正确的教育方法逐步培养。只有让孩子养成好的习惯，孩子才能从这些习惯中收获好的结果，加强内在动力，进而形成自驱力，变得自律。

催促无法形成飞跃，孩子的各种能力都是在探索和体验中积累和提升的。要培养孩子的自律性，父母不但要有耐心和智慧，更需深刻理解孩子的成长过程。

1. 学会放手

独立性是孩子成长过程中必须培养的重要能力。父母应该学会放手，让孩子在安全的环境中尝试和探索，从而学会独立解决问题。父母包办一切，宠溺过度，会剥夺孩子各种成长和锻炼的机会，让孩子变得懒惰，长大有可能变成"巨婴"。

智慧且有远见的父母会放手让孩子去做力所能及的事情，重视培养孩子独立的习惯。孩子锻炼了独立能力，就能为未来的自律打下根基。

2. 不唠叨

内驱力是孩子自我学习和成长的关键。父母应该避免无休止的唠叨，转而寻找更有效的沟通和教育方式，激发孩子的内在动力。

很多父母将"言传"发挥得相当到位，整天唠叨孩子，生怕孩子记不住，结果却发现自己越啰唆，孩子越不听话。因为当爱和关心过度时，就会成为套在孩子身上的枷锁。

好的教育就是要少唠叨。父母要把握一个度，多反思教育方法和策略，避免对孩子反复讲大道理和说教。

3. 不发脾气

情商是孩子社会交往和情绪管理的重要能力。父母的情绪稳定对孩子的情商发展有着深远的影响。父母管理孩子时爱发脾气，孩子会感到害怕，继而认为发脾气是恐吓他人的好方法，久而久之，自己也变得爱发脾气。

如果父母把工作和生活的不如意都发泄在家人或孩子身上，孩子就会不敢亲近、不敢敞开心扉，时刻处在担惊受怕中，缺少安全感，成长过程中就容易出现各种问题。

家庭环境塑造孩子的性格，父母要学会控制自己的脾气，稳定情绪，减少对孩子的负面影响。

4. 不催促

孩子的成长需要时间和空间，父母应该尊重孩子的成长节奏，不要急于求成，不要催促孩子，要让孩子在探索和体验中自然成长。

此外，很多父母生怕自家孩子落后于别人家的孩子，给孩子报各种兴趣班，提前锻炼孩子的各种技能，将孩子压得喘不过气。要知道，孩子的成长快慢存在差异，父母唯有尊重孩子的生长和发展规律，才能让孩子快乐健康地成长。切记，千万不要拔苗助长。

亲子互动中如何培养孩子的感恩意识？

孩子不懂感恩是一个非常大的隐患，他们会忽略父母的付出，养成自私自利的性格，长期发展下去，孩子的情况就会变得越来越糟糕。因此，父母要在互动中培养孩子的感恩之心。

一对夫妻育有一个活泼可爱的儿子。在这个三口之家中，感恩不仅仅是一个词语，更是一种生活方式。夫妻二人深知"身教"的重要性，他们总是以实际行动向儿子展示感恩的力量。比如，每到节假日，他们会带着儿子一起回老家看望爷爷奶奶，不仅送上精心挑选的礼物，还会亲手做一顿丰盛的饭菜，全家人围坐在一起其乐融融。在这个过程中，儿子学会了尊重长辈，懂得了亲情的珍贵。

有一次，学校组织了为贫困地区儿童捐赠图书的活动。儿子挑选了一些自己不再阅读但仍然有价值的书籍。当他把这些书抱到父母面前时，眼里满是兴奋和期待。夫妻俩感到非常欣慰，他们陪着儿子一起将书籍打包好，并鼓励他亲手将这份爱心传递给需要帮助的孩子。

感恩教育不仅仅是口头上的教导，更是通过生活中的点滴来影响和塑造孩子的性格和品质。当我们教会孩子感恩时，他们也会以同样的方式回馈这个世界。

自私的孩子心里只有自己，从来都不会考虑他人的意见或感受。在家里他们会把好吃的东西据为己有，尤其在饭桌上，他们会把喜欢的菜摆在自己面前，甚至在亲戚家吃饭，他们也不顾及他人感受，肆意而为。

家庭，是感恩教育最肥沃的土壤。在家庭中开展感恩教育，既能够促进家庭成员之间的和谐与理解，还能够培养孩子的社会责任感和同理心，让他们未来遇到困难和挑战时，都能够保持一颗感恩的心，积极面对生活，珍惜身边的人和事。那么，如何在亲子互动中培养孩子的感恩之心呢？

1. 父母以身作则，做好表率

父母是孩子生活中的一面镜子。孩子天性好模仿、可塑性强，父母的一言一行都会潜移默化地影响孩子，并逐渐产生一种行为上的暗示。因此，在跟孩子互动的过程中，父母应以身作则，做好表率。例如，对待长辈要孝顺体贴，工作再忙也要经常带孩子探望长辈；对曾经帮助过自己的人充满感激，接受每一份帮助时都要说声"谢谢"……在耳濡目染下，孩子也会成长为知恩、感恩、懂恩的人。

2. 家人之间相互表达感恩

孩子并非天生就会爱人，为别人主动付出，父母只有教会孩子如何去爱，孩子才能在潜移默化中学会感恩。因此，想让孩子学会感恩，不仅要给孩子足够的爱，而且要教会孩子如何表达爱。

父母可以约定，无论谁为家庭、为他人付出，家庭其他成员或受益者都要正式地表达感谢。比如，周末妈妈做了一顿大餐，吃饭之前爸爸让孩子说："妈妈辛苦了，谢谢妈妈为我们准备的周末大餐，太丰盛了。"爸爸送给孩子一件礼物，妈妈要教孩子说："谢谢爸爸送给我的礼物，我特别开心。"

相互表达感谢，并不是为了那一句"谢谢"，而是引导孩子看到别人为自己做的事情，同时明白自己能为别人做什么事情，给别人带来快乐。

3. 坦然接受孩子的感恩

可能是由于受中国传统思维的影响，大多数父母都只讲付出不求回报。比如，孩子拿着小饼干给妈妈吃，妈妈会说："妈妈不吃，都留给宝贝吃。"孩子对妈妈说："谢谢。"妈妈心里乐开花，嘴上却说："不用谢，这是妈妈应该做的。"久而久之，孩子自然不会对父母表达感谢，觉得一切都是父母应该做的。

为了让孩子学会感恩，当孩子对你表达爱和感谢的时候，一定要坦然接受，最好表达出自己当下的感受。比如，孩子说："妈妈，谢谢你给我买了一个新书包。"妈妈可以回应："收到你的感谢，看到你这么有礼貌，妈妈也很开心。"这种回应方式会让孩子更懂得感恩。

4. 引导孩子主动付出：从"求助"开始

让孩子做家务并非不可行，但更好的方式是多向孩子求助。例如，拿东西时让孩子帮忙，做决策时请孩子出主意。让孩子充分参与到家庭生活中，并让他感受到自己的重要性，也相信自己的能力，他会越来越喜欢帮助你。通过这种方式，孩子不仅能学会承担责任，还能在一次次付出中收获成就感和自豪感，进而培养出感恩之心。

亲子互动中如何培养孩子的责任感？

责任感是一个人在成长过程中形成的心理态度和重要品质，是一种自觉做好分内分外有益之事的精神状态。从小培养孩子的责任感，他们就能理解行为对自己、对他人和对社会的影响，增强自主性和自我管理能力。具有强烈责任感的孩子，未来更容易获得他人的信任和尊重。

有个女孩是家里的掌上明珠，可她比较粗心，好几次去学校都忘了带课本。这种情况出现几次后，老师私下批评了女孩，同时还告诉她每天晚上睡觉前要整理好第二天上学用的东西。女孩感到很无辜，因为自上学起，书包就不是她自己收拾的，一直是爸爸帮忙，所以她并不觉得忘记带课本是自己的错。

发现了这一情况后，老师联系了女孩的爸爸。没想到女孩爸爸却认为错在自己，是自己帮女儿收拾书包时疏忽了，才导致女儿忘带课本。

父母的这种行为传递给孩子的信息除了"我很关心你的学习"，更多的潜台词是"你是一个不自觉的孩子""你没有能力独立完成学习任务，需要我来帮你"。长此以往，孩子就会变得越来越依赖他人，没有主见，做事拖延，缺乏责任感。

为了培养出责任心强的孩子,父母要把属于孩子的责任交给孩子自己。比如,孩子又出现忘带东西、没收拾书包等情况,让孩子为自己的行为"买单",承担相应的后果。这样,孩子就能体会到责任感的重要性。

责任感,是一个人承担自己行为后果的担当心理,也是肩负社会责任的能力。对孩子而言,培养责任感有助于提高自我效能感,增强社交技能,并推动道德发展。这种意识会让孩子明白,他们的行为无论好坏,都需要自己来承担后果。

责任心,是一个人立足社会、获得事业成功至关重要的品质。一个有着强烈责任心的人会勇敢地承担起自己对父母、对他人、对社会的责任,他们会尽最大努力把应该办的事情办好;而没有责任心的人则会逃避自己的责任和义务,变得随波逐流、无所事事。因此,父母应该尽可能地抓住每一次机会,培养孩子的责任心,培养孩子对自己、对家庭、对集体负责的优良品质。

1. 引导孩子分担家务

做家务有助于孩子找到自身的价值感,培养他作为家庭成员的责任感。为了培养孩子的责任心,可以根据年龄段,让孩子参加一些力所能及的家务劳动,比如,叠衣服、扫地、倒垃圾、洗碗、洗衣服等。

随着孩子年龄的增长和劳动技能的提升,可以逐步让他们分担更多家务劳动,给他们创造更多培养责任心的机会,例如,参与家庭的食材采购、参与家庭出行计划的制订和准备等。另外,要让孩子明白做家务的重要性,即他们不仅是在为家庭作贡献,同时也是在学习未来生活所必需的技能。

2.给孩子提供做主的机会

要想培养孩子的责任心，就要给孩子提供自己做选择、做决策的机会。可以先从生活中的小事开始，如让孩子自己决定是在做作业之前还是之后吃零食，周末的家庭运动是去爬山还是去打球。然后让孩子学会独立解决更复杂的问题，在做出决策之前，教孩子提前做好准备，或提前分析不同方案的利弊，引导孩子在任务完成后总结经验、分析得失。这些过程都可以有效培养孩子的责任心。

3.带孩子参加公益慈善活动

培养孩子的社会责任感，可以带孩子参加公益活动，让孩子学会帮助他人、照顾他人，这是一个培养责任心的有效途径。

父母可以在孩子的学校、社区或慈善机构担任志愿者，让孩子看到父母参与公益活动和志愿服务的热情。平时生活中，要鼓励孩子向别人伸出援手，如帮助年迈的邻居干一些力所能及的事情，或者与学习有困难的同学结对帮扶。

4.克制住"解救"孩子的冲动

如果孩子喜欢丢三落四，比如，经常忘记带书本或作业去学校，或者做事情喜欢拖到最后才动手完成，那么父母要控制自己干预的冲动，沉住气，适时给孩子一些提醒，让他们对自己的行为负责任。虽然这对父母的耐心是极大的考验，但还是要让孩子独自承受自己行为带来的后果，因为这也是提升孩子责任感的有效方法。

第九章
互动教养中的习惯和意识养成

如何通过亲子互动让孩子养成健康的饮食习惯？

对于孩子挑食、偏食的现象，父母应给予关注，主动寻找背后原因，从根本上帮助他们养成不挑食、不偏食的饮食习惯。

有位妈妈希望儿子能够养成健康的饮食习惯，但却事与愿违。吃饭的时候，儿子的筷子像是长了眼睛一样，总会略过他不爱吃的食物。为了让儿子明白每种食物都有美味处、不能偏食，妈妈开始了自己的计划。

首先，体验农耕活动，共情儿子的情绪。儿子小时候不喜欢吃肉，喜欢吃的蔬菜也屈指可数。妈妈带着儿子去山里体验抓鸡、捡鸡蛋的乐趣，去农村感受给蔬菜浇水的辛苦，去地里收获拔蔬菜、挖土豆的成就感……通过这样的体验，男孩直观地知道了食物来之不易。同时，妈妈还告诉他："这是你自己浇过水的蔬菜，肯定特别好吃。""哇，这是用你捡来的鸡蛋做成的菜，你好厉害！"……

其次，不把吃饭变成压力，尝试"试一下原则"。男孩吃东西时总会出现各种小状况，比如，边吃边玩、偏食挑食、剩饭剩菜等。发现孩子的这些行为时，妈妈不会批评他，而是先放下焦虑，尝试营造轻松的氛围，引导孩子就餐。比如，儿子不喜欢尝试新的食物，妈妈会跟他沟通："这个菜长得真好看，看上去很好吃。""你可以先尝一口试一下。""妈妈觉得它非常好吃，你要不要试一下？"然后，鼓励儿子动筷子，先尝试吃一口，让这双"有眼睛的筷子"记住这个味道，从而慢慢变得喜欢。但如果儿子真的不喜欢吃，妈妈也不会硬逼着儿子吃掉，而是给他时间主动去尝试不爱吃的菜。

培养良好的饮食习惯，可以为孩子未来的健康筑牢基础。如果孩子从小就习惯食用新鲜水果和蔬菜、全谷物和高质量蛋白质，他们将更有可能在成年后继续食用这些健康的食物。相反，如果孩子从小就养成了依赖加工食品和高糖饮料的习惯，成年后可能会面临肥胖、糖尿病等健康问题。因此，在孩子成长期间，帮其养成健康饮食习惯至关重要。作为父母，我们有责任引导孩子养成良好的饮食习惯。

1. 共进晚餐，增进亲子关系

与家人共进晚餐有助于孩子形成健康的饮食习惯。研究显示，与家人一起用餐的孩子更可能摄入水果、蔬菜和谷物，同时减少不健康食品的摄入。此外，家庭聚餐还能促进亲子关系，为孩子树立健康饮食的榜样。若孩子不愿与家人共进晚餐，父母可以尝试以下策略：

（1）邀请孩子的朋友一起用餐，增加餐桌的趣味性。

（2）让孩子参与菜单制订和食材准备，提高他们的参与感。

（3）用餐时保持轻松愉快的氛围，避免说教和争吵。

2.丰富食材选择

家中储备的健康食材是孩子日常饮食的基础。父母在选购食材时，应遵循以下原则：

（1）确保每天摄入至少5份水果和蔬菜，为每餐提供丰富的营养来源。

（2）鼓孩子选择健康的零食，如水果、低脂酸奶、全麦饼干和奶酪等。

（3）提供瘦肉和其他优质蛋白质来源，如鱼、蛋、豆类和坚果。

（4）选择全麦面包和谷物，增加膳食纤维的摄入。

（5）限制脂肪摄入，避免油炸食品，选择更健康的烹饪方法。

（6）限制含糖饮料的摄入，鼓励孩子多喝水和低脂牛奶。

3.树立健康饮食的榜样

孩子会模仿父母的行为和习惯，因此父母应以身作则，树立健康饮食的榜样。这包括：

（1）多吃水果和蔬菜，减少低营养食物的摄入。

（2）展示适当的饮食分量，避免暴饮暴食。

（3）与孩子分享饱腹感，教导他们学会控制食欲。

（4）保持对食物的积极态度，避免在孩子面前抱怨食物或节食。

4.避免食物成为亲子冲突的焦点

食物很容易成为家庭冲突的导火索。要想避免因为食物与孩子发生争执，可以将家中可食用食物的选择权交给孩子。此外，父母还应遵循以下原则：

（1）制订明确的进食时间表，让孩子明白应在何时进食、何时停止进食。

（2）不要强迫孩子吃完盘子里的食物，尊重他们的饱腹感。

（3）避免用食物作为奖励或惩罚的手段，保持食物在孩子心中的正面形象。

（4）避免用食物表达爱意，而要通过拥抱、陪伴和赞美传达情感。

5.鼓励孩子参与饮食决策和准备过程

让孩子参与饮食决策和准备过程，有助于他们形成健康的饮食习惯。父母可以这样做：

（1）与孩子讨论餐食的选择，让他们参与制订均衡的膳食计划。

（2）教会孩子查看食品标签和挑选健康食材，培养他们的食品素养。

（3）在厨房中为孩子分配适合其年龄的任务，让他们在实践中学习健康饮食。

（4）关注学校午餐的选择，与孩子一起制订健康的午餐计划，或一起准备可打包的健康食物。

总之，引导孩子养成健康饮食习惯需要父母的耐心和坚持。通过遵循上述五大策略，父母可以帮助孩子建立健康的饮食观念，为孩子的健康成长奠定坚实的基础。

如何通过亲子互动让孩子养成良好的睡眠习惯？

从新生儿到青少年，不同年龄段的孩子有不同的推荐睡眠时间，睡眠时间太多或太少都不好。在亲子互动中，父母应重视孩子的睡眠问题，帮助他们改正不良的睡眠习惯，如夜间频繁醒来、睡前抗拒等。

晚上 10 点多了，爸爸妈妈早已被倦意笼罩，哈欠连连，女孩却还在意犹未尽地玩着玩具。妈妈催促她早点睡觉，她却像没听到似的。过了一会儿，女孩说："妈妈，我想喝牛奶。"

妈妈强忍着困意从床上爬起来，递给她一杯牛奶。牛奶喝完了，妈妈又催促道："太晚了，赶快睡觉吧。"女孩说："妈妈，我还想看动画片。"妈妈耐着性子劝："不行，天天这么晚睡，身体会累坏的，快睡吧！"女孩放声大哭："我不睡觉，我要看动画片！"妈妈被哭得心烦意乱但又束手无策，只好答应她的要求。

女孩看完动画片，终于上床了。她钻进被窝里，说："妈妈，我睡不着。"女孩将自己的小身子往妈妈身边凑了凑，又说："妈妈，你给我讲个故事吧！"就这样，一直拖延到 12 点 10 分，女孩才睡觉。

第二天早上 7 点多，妈妈叫女孩起床。第一遍叫，女孩没有任何反应；第二遍叫，女孩应了一声，之后趁妈妈转身之际，小身子又滑到被窝里。妈妈走过来又叫道："快点，再不起床咱们都要迟到了！"

妈妈把女孩从被窝里拉起来。女孩噘着嘴哭闹着:"我要睡觉!我要睡觉!"说着,她又躺下盖上被子,还想继续睡。妈妈强硬地将女孩抱出被窝,给她穿上衣服。女孩才半闭着眼睛磨磨蹭蹭、极不情愿地下了床。

如今,电子媒体普及,家庭生活方式发生了翻天覆地的变化,晚睡、入睡困难、睡眠质量差、时长不够成为青少年的睡眠常态,随之而来的是越来越多的青少年问题,如体弱多病、过于好动、社交困难;行动力差、自信心不足;畏畏缩缩、胆小怕事、不长个、意志力弱;情绪波动大、学习障碍、注意力缺失;性早熟等。

为何睡眠不足、睡眠质量不高会引发以上问题呢?

首先,夜间处于深睡眠时,孩子的生长激素分泌更多,可以促进身体组织的修复和生长。孩子睡眠不足,可能影响他们的身高、体重和骨骼发育。

其次,充足的睡眠能帮助孩子巩固记忆,提升学习能力和专注力,助力他们在学校和日常生活中的表现。

再次,睡眠不足会导致孩子易怒、情绪波动大,还可能增加焦虑和抑郁的风险。充足的睡眠能够帮助孩子保持积极的情绪状态,更好地应对生活中的各种挑战。

最后,睡眠有利于大脑皮层的发育,对提高孩子的智力和促进孩子思维能力的发展发挥着至关重要的作用。一项研究发现,每晚准时睡觉的孩子,大脑发育更好。所以,父母一定要让孩子养成准点睡觉的好习惯。

1.让习惯晚睡的孩子尽早上床

根据睡眠黄金期原理,前半夜是身体大量分泌生长激素的时间段,晚睡会影响孩子的成长。孩子经常熬夜或在睡前做剧烈运动,精神状态就会处于亢奋中,到了晚上10点,父母就要催促孩子尽快上床。

建议做法:睡前不要让孩子做剧烈运动,最好让孩子安静地坐下来,然后培养孩子自觉上床的好习惯。如果孩子做到了,就及时表扬和鼓励。睡前可以给孩子讲故事,但不要讲惊险刺激的故事,也不要吓唬孩子,以免孩子受到刺激不易入睡。另外,父母不要大声喧哗,电视机的音量尽可能开得小一些,甚至为了孩子睡觉而关掉电视机。

2. 让孩子午休

午睡是对孩子夜间睡眠的补充,同样有益于孩子的身心健康。因为吃完中午饭后,胃要进行消化吸收,需要血液,所以会减少大脑的血液供应量,使人容易产生疲劳感。午睡可以消除疲劳,让孩子下午精力充沛,有益身心健康。至于午睡时间的长短,应根据孩子年龄大小而定,年龄越小,午睡的时间应该越长,随着年龄增长,午睡时间逐渐缩短。需要注意的是,白天室内很亮,如果有必要,应该稍加遮挡,尤其不要让阳光直射孩子的脸。

3. 培养健康的饮食习惯

并不是所有睡前加餐都有利于孩子的成长。临睡前,人的脑神经处于疲劳状态,胃肠的消化液分泌减少,这时吃东西会增加胃肠的负担,刺激消化液分泌,使胃不停地蠕动,再加上孩子的消化系统发育还不完善,所以会感到肚子胀,撑得难受,睡觉时不踏实,因而影响睡眠质量。

在满足孩子正常生长发育所需营养的前提下,父母要让孩子遵守饮食规律,避免孩子养成吃零食的习惯,尤其是在晚上。只有在特殊情况下,孩子确实饿了,才能适当补充一些热量,如喝牛奶等。因为牛奶本身有助于睡眠。

如何通过亲子互动让孩子建立安全意识?

随着科技的发展和社会环境的变化,孩子们面临的潜在危险不断变化。因此,教会孩子识别危险,提高孩子的安全意识尤为重要。在亲子互动中,父母可以采取有效的方法和策略,帮助孩子识别危险,保护自己。

1. 认识危险的种类

(1)环境危险。父母要引导孩子了解周围环境中可能存在的危险。例如,交通安全是一个重要的方面。要教孩子认识交通信号灯、斑马线和行人道,告诉他们在过马路时要注意来往车辆,确保安全。此外,家中和学校也可能存在危险,如锋利的工具、电器插座、热水等都有可能给孩子带来危险,要让孩子学会避开这些潜在的危险源。

(2)人际关系中的危险。在与他人交往时,孩子可能会遇到不友好或怀有恶意的人,因此要教孩子识别不良行为,如语言侮辱、身体接触等,帮助他们理解什么是健康的人际关系。同时,告诉他们在遇到陌生人时要保持警惕,不要轻易相信他人,尤其是在没有父母或老师陪伴的情况下。

(3)网络上的危险。随着互联网的普及,网络安全问题也日益突出。我们要教孩子识别网络上的危险,如网络欺凌、虚假信息和与陌生人聊天等,让他们明白,不要随意分享个人信息,尤其是在社交媒体上,保护隐私是保护自己的重要方式。

2.培养识别危险的能力

要想培养孩子识别危险的能力,父母可以这样做:

(1)通过故事和游戏。一般情况下,孩子都对故事和游戏感兴趣,尤其是年幼的孩子,因此我们可以通过这些方式教他们识别危险。例如,讲述一些关于安全的故事,描述主人公如何识别和应对危险情境,帮助孩子理解安全的重要性。此外,可以设计一些角色扮演游戏,让孩子在模拟的危险情境中练习应对策略,从而增强他们的识别能力。

(2)使用图画和视频。视觉材料能够吸引孩子的注意力,帮助他们更好地理解危险。可以使用图画书、动画片或教育视频,展示各种危险情境及其后果,通过生动的画面和故事情节,让孩子更直观地认识到危险的存在,并学习如何避免危险。

(3)观看安全教育视频。学校和社区会定期举办安全教育活动,如安全知识讲座、急救培训和消防演习等。这些活动不仅能够提高孩子的安全意识,还能让他们在实际操作中学习如何应对危险。观看这些视频,孩子能够更深入地理解安全知识,并在面对潜在危险时保持冷静。

3.教孩子应对危险的策略

(1)制定安全规则。与孩子一起制定一些简单易懂的安全规则,例如"不要单独走在偏僻或人少的地方""不要与陌生人交谈""过马路时要看红绿灯"等。将这些规则写下来,贴在家中显眼的位置,时刻提醒孩子遵守。

(2)鼓励沟通。建立良好的沟通渠道,让孩子感到安全和信任。鼓励孩子在遇到危险或不安的情况时，及时与父母或可信赖的成年人沟通。让孩子明白，分享自己的感受和经历是非常重要的，任何时候都可以寻求帮助。

（3）应急演练。定期进行应急演练，帮助孩子熟悉应对危险的步骤。例如，进行火灾逃生演练、地震避险演练等，让孩子在实际操作中掌握应对技巧。通过反复练习，孩子就能在面对真正的危险时保持冷静，迅速做出反应。

安全意识的培养不是一蹴而就的，而是长期的过程，父母要积极参与孩子的安全教育，让孩子在安全的环境中健康成长。

如何通过亲子互动让孩子树立环保意识？

在这个日新月异的时代，环境保护和可持续发展不再是陌生的概念。作为父母，我们不仅要关注孩子的学业，更要培养他们关爱自然、珍视资源的意识，让他们承担起责任。培养孩子的环保意识，不仅能帮助他们养成良好的生活习惯，还能让他们未来成为环境保护的积极参与者。

从小培养孩子的绿色环保意识，引导他们在成长的过程中深入了解保护环境的重要性，养成低碳的生活习惯，就能使绿色生活理念生根发芽，让绿色的种子代代相传。那么，如何在互动中培养孩子的环保意识呢？

1.将环保教育融入家庭生活

在家庭生活中，要让孩子自觉践行文明健康、绿色环保的生活方式。

比如，节约用水，用淘米水浇花，刷牙时水不要一直放；注重垃圾分类，削完的水果皮要丢进厨余垃圾桶等。这些可能都是不起眼的小事，但在孩子眼中会被无限地放大。要让孩子明白，环保不仅仅是口号，更是每个人都需要践行的日常行动。

2.走进大自然去感受美好

父母要带孩子接触大自然，感受蓝天白云、青山绿水的美好，激发孩子热爱自然、探索自然的浓厚兴趣。同时，要身临其境地教育孩子保护环境，爱护身边的一草一木。例如，在动物园，告诉孩子要好好爱护地球，地球不仅属于人类，它是地球上所有生物的家；在公园，告诉孩子不在草地上打闹，不摘花。通过真实情境，让孩子形成环保观念比单纯说教更有效。

3.让孩子接受环保知识教育

临睡前，父母可以给孩子讲一些环保绘本或让他们自己阅读，引导孩子养成文明健康的绿色生活方式，让他们深入了解如何保护生态环境。闲暇时，可以与孩子玩一些小游戏，用寓教于乐的方式，使他们切身感受到自然生态的重要性。节假日，可以让孩子观看相关的纪录片。父母和孩子一起观看，不但陪伴了孩子，还能和孩子一起学到许多与自然、人文、历史相关的知识。

4.鼓励孩子参与绿色环保公益活动

绿色环保主题活动不仅能让孩子了解到环保的重要性，还能让他们形成环保意识，从而为环境保护贡献一份力量。在日常生活中，父母要带孩子一起低碳出行，坚持绿色环保理念。同时，要鼓励孩子积极参加保护自然环境的活动，与孩子一起践行绿色生活。比如，参加当地倡导的绿色出行、垃圾分类等环保公益活动。

5. 注重节日教育

自然教育的环境氛围有助于培养孩子的绿色环保意识。父母可以根据节日特色开展有针对性的生态环境教育，并鼓励孩子积极参与，比如，植树节、世界环境日等，让孩子进一步亲近自然，热爱自然，参与绿色行动，共筑美好家园！

下篇 | 用互动式教养解决亲子日常小问题

第十章
亲子沟通互动的问答模型

问题1：发生什么事情了？

这是亲子沟通的起点，鼓励孩子从自己的角度出发，详细描述事情发生的经过，以免父母没有充分了解情况就仓促下结论。孩子通过叙述，能够更好地梳理自己的思绪，同时也给父母提供了一个理解孩子眼中世界的机会。

举个例子。孩子的图书被抢了，哭得很伤心，沉浸在"被抢"的沮丧中，我们可以帮他进一步梳理感受，引导他描述事情发生的经过："你刚刚在看这本书时，妹妹过来拿走了它。看起来，她也很喜欢这本书，但你还想读，我和你一起过去，对她说'请还给我'吧。现在妹妹已经将书还给你了，你看书还在你手里，只要你还没有做好准备和别人分享，它会一直在你这里。"

平和、淡定地描述事情发生的经过，孩子就能深刻理解整个事件，同时意识到"事情已经过去了，我和图书现在都是安全的"。

当孩子出现情绪问题时，他们对事件的理解通常是碎片化的。让孩子描述事情的经过，能帮其将所发生的事件进行整合，特别是对于语言能力尚在发展中的孩子来说更是如此。

帮助孩子把体验过的事情语言化，他们就能在负责语言逻辑的左脑和处理情绪体验的右脑之间搭建桥梁，促进两者协同发展。

运用这个方法时需注意三点：

1.描述方式要符合孩子的年龄特点

根据孩子的理解力，父母的描述需要符合孩子的年龄特点。比如，对于1岁半的孩子，使用的语言应尽量简洁明了，可以说："刚刚有小朋友撞了你的胳膊，就是这里，你一定很疼，所以你哭了。现在没事啦，你感觉好些了吗？"对于6岁的孩子，可以描述得更加详细，如前面提到的图书的例子。

2.不带评价地描述事情发生的经过

不要在描述的过程中评价谁对谁错，更不要使用"贴标签"的字眼，比如，"你怎么这么喜欢打人！""这样做不是好孩子"等。你只需客观地描述事情的经过即可，比如，"他刚才推了你，你摔倒了，然后你哭了"。

3.以积极正向的方式来结尾

用积极正向的方式来结尾，不仅可以帮孩子重获安全感，也可以让他明白任何事情都会过去，都可以产生积极的结果，重要的是我们如何积极看待并解决问题。比如，告诉孩子："现在图书还在你手里，如果你准备好了，可以分享给别人。"而不是说："妹妹没把你的图书抢走，你可以继续读，不需要给她。如果她再抢你的书，你就抢回来。"

需要注意的是，在孩子叙述时，父母应该保持足够的耐心，避免打断或立即评判；同时，还要提供安全、无压力的环境，让孩子能够自由地表达。

问题2：你的感觉如何？

这个问题可以引导孩子识别并表达自己的情绪。

情绪表达是情绪管理的重要组成部分，有助于孩子理解自己的感受，并学会如何恰当地处理情绪。

前几天，杜女士给儿子举办了生日聚会，请了很多同学来玩。切蛋糕时，一个男孩盯着蛋糕看了老半天，最后一脸嫌弃地说："阿姨，这蛋糕上的草莓看着就不新鲜，肯定很难吃！"

为了这场聚会，杜女士忙了一天，听到这样的话，她心里很不是滋味，感觉非常委屈。不过，她还是稳住情绪回应："如果觉得不好吃，就别吃了。"让人没想到的是，男孩突然长叹一声，好像要做出重大牺牲，然后轻轻地点了点头，感觉下了好大的决心，沉重地说："阿姨，算了，我干脆把草莓全吃了吧。"

杜女士愣了好一会儿才反应过来：其实草莓很新鲜，男孩担心自己吃不到，所以故意说不好。这样，其他同学就不会和他抢了，他就能独占所有草莓。

换个角度想，如果男孩直接跟杜女士说："阿姨，我特别喜欢吃草莓，能多给我点吗？"杜女士肯定乐意满足他。可正是因为他不会坦诚表达自己的想法和感受，所以才出现了尴尬的局面。

对于孩子来说，学会正确表达自己的情绪和想法非常重要。

情绪表达能力是指在人际交往的互动情境中，正确地表达情绪情感的能力。人类有四种基本的情绪，那就是喜、怒、哀、惧。喜，喜悦、欢喜；怒，愤怒、生气；哀，悲伤、悲哀；惧，恐惧、焦虑。研究表明，孩子学会正确表达情绪，处理人际关系时会更顺畅，焦虑和压抑的情绪也会减少，而且注意力更集中，学习状态也更好。

情绪无所谓好与坏，但可以分成积极情绪和消极情绪两种，情绪引发的行为有好坏之分，行为的后果也会有好坏之分。比如，孩子看中了一款羽绒服，妈妈没给买，孩子生气了，这不是错；但如果因为生气，孩子就去踹衣服架子、不理妈妈，那么就是错误行为了。

情绪是人类与生俱来的生理反应，孩子发脾气，其实是他们在努力表达自己的需求和感受。父母首先要认识到，情绪是正常的现象，不要对孩子的情绪产生偏见。当孩子发脾气时，父母要尊重他们的感受，倾听他们的心声，不要一味地批评、指责他们，而要站在他们的角度，理解他们的需求。

情绪管理不是消灭情绪，而是疏导情绪。有些情绪没必要强行压抑，而应该在情绪产生之后引导孩子合理应对，避免产生糟糕的结果。

1. 情绪识别

父母可以通过日常互动，引导孩子认识各种情绪，并与具体的情绪词汇建立联系。一个简单的方法是利用"情绪卡片"或"情绪日记"，让孩子在一天结束时回顾自己都产生了哪些情绪。例如，父母可以问孩子："今天你什么时候感到快乐？什么让你感到生气？"通过这样的方式，孩子可以逐渐积累丰富的情绪词汇，并提高情绪识别的敏感度。

2. 情绪表达

父母应鼓励孩子通过语言、绘画、游戏等多种方式表达情绪。当孩子感到生气时，父母可以引导他们说出具体原因，而不是用行为表现出来。例如，父母可以问孩子："你为什么生气？是因为没让你玩手机吗？"另外，父母可以与孩子一起创造情绪表达的机会，比如，通过角色扮演的游戏，模拟不同情境下的情绪表达，这不仅能让孩子感到安全，还能帮助他们在实际生活中更好地应对情绪挑战。

3. 正面反馈

正面反馈不仅能增强孩子的情绪表达意愿，还能让他们感到被接纳。例如，当孩子因失望而哭泣时，父母可以说："我知道你现在很难过，因为你想要的东西没得到。这种感觉很正常，爸爸妈妈都理解。"这样的反馈不仅能够帮助孩子正确认识自己的情绪，也能让他们感受到父母的情感共鸣，从而更愿意敞开内心世界。

需要注意的是，父母可以通过提问引导孩子表达情绪，例如："你感到生气、伤心还是害怕？"这样的提问能够教会孩子使用相关的情绪词汇描述自己的感受。

问题3：你想要怎样？

这个问题能够鼓励孩子明确自己的需求，思考他们希望达到的目标，进而琢磨如何实现。

由于年龄小，有些孩子想要某些东西或者有某些需求时，不懂得正确有效地表达，可能会用抢、偷，或哭闹逼迫父母帮他达成。比如，孩子看上了小伙伴的滑板，想要玩一会儿。如果他不会表达这个需要，就可能找机会偷来玩，或直接动手抢过来玩；如果孩子胆子小，可能就会哭着找父母，请求父母替他去实现心愿。这样的孩子长大后，在与同龄人交往时，很可能遭遇挫折，慢慢被迫学会如何正确有效地表达自己的需要；或者变得敏感内向，压抑自己的情绪和需要；或变得越来越有攻击性。

在人生的早期阶段，孩子一般通过肢体动作直观地表达情绪与需求，比如，饥饿或悲伤时的哭泣、喜悦时的拥抱等，而父母通常都能迅速回应。当孩子步入校园后，他们开始独自面对同学和老师，这些群体不会像父母那样随时满足他们的需求，尤其学校是集体环境，更不会为个别孩子破例，这就要求孩子主动适应学校生活。在孩子步入社会后，他们也需要适应社会规则，而不能让社会迁就自己。因此，学会恰当且有效地表达个人的合理需求，也是父母应传授给孩子的宝贵技能。

那么，如何引导孩子表达自己的合理诉求呢？

1. 及时满足孩子提出的合理要求

当孩子提出合理要求时,父母应及时给予正面回应。这样的回应能增强孩子对父母的信任,让他们更愿意表达自己的需求。

同时,父母要以身作则,通过自己的行为示范,教会孩子如何以恰当的方式表达需求,比如,父母可以使用委婉的语言与孩子沟通,展示不同表达方式可能带来的不同结果……这些都是孩子很好的学习机会。

2. 专注地听孩子在讲什么

当孩子尝试表达时,父母应全神贯注地倾听,遵循"不打断、不纠正、不评价"的原则。

要通过专注的眼神交流和耐心的倾听,让孩子感受到尊重,从而激发他们表达的欲望。待孩子表达之后,父母可以与孩子一起回顾和确认所述内容,确保信息的准确传递。

需要注意的是,即使孩子的想法听起来有些不切实际,父母也应该尊重并鼓励他们表达出来。这有助于孩子建立自信,并学会对自己的行为负责。

问题4:那你觉得有什么办法?

这个问题能够激发孩子的创造力和解决问题的能力。它鼓励孩子思考多种可能的解决方案,而不仅仅是局限于第一个出现的答案。

早上,孙女士正在泡茶,儿子从客厅气呼呼地走过来。

孙女士问:"你在生气吗?怎么回事?"

儿子说:"我找不到遥控器了!"

孙女士说:"找不到遥控器,为什么要生气呢?"

儿子回答:"肯定是你藏起来了!"

孙女士说:"哦,你觉得是我把遥控器藏起来了,所以很生气?"

儿子点头。

孙女士继续说:"有没有其他的可能性呢?我们来看看,你能想到几种可能性?"

儿子说:"如果不是你藏的,那就是爸爸藏的!"

孙女士说:"好的,这是第二种可能性,还有别的吗?"

儿子说:"奶奶藏的!"

孙女士说:"好的,这是第三种可能性,还有别的吗?有没有可能不是被藏起来了,而是别的原因?"

儿子想了想,回答:"嗯……那是掉到沙发底下了?"说着,儿子弯下腰,趴到地上,低头往沙发下去找。当他抬起头的时候,在沙发上发现了遥控器。原来遥控器被一个盒子压住了,所以自己没看见。

孙女士趁机说:"原来是这样!我们发现了第五种可能性,是被别的东西遮住了。"

要想让孩子学会变通,偶尔鼓励远远不够,需要反复鼓励,让孩子形成习惯,主动思考更多的可能性。

在信息爆炸的时代里,创新、变革不断发生,固有的思维模式已经无法应对复杂多变的挑战。培养孩子的独立思考能力比传授知识更加重要,这决定着孩子在未来的道路上能否走得更远。

问题是思考的钥匙。孩子都有好奇心，总有问不完的问题。要想保持这份天性，就要鼓励他们敢问，并学会主动探寻答案。

会独立思考的孩子，不仅能轻松应对各种问题，还能快速吸收各种新知识，从而形成自己的想法和主见；而缺乏思考的孩子，依赖性强，没有自己的观点，更喜欢人云亦云。给孩子做主的机会，不仅是尊重孩子的体现，也是孩子生活独立、学习独立、思想独立的基础。

每个孩子都会尝试独立思考世界，即使想法还不够全面和成熟，我们也不能剥夺他们思考的权利，只要做出正面引导即可。只有给孩子自由成长的空间，他们才能找到那个独一无二的自己。

作为父母，我们可以从以下方面入手，培养孩子的独立思考能力，帮助他们更好地成长，适应未来的生活。

1. 鼓励提问和探索

鼓励孩子提问和探索，是培养他们思考能力的有效方法。我们应该创造一个充满好奇心和探索欲望的环境，支持孩子进行独立思考，帮助他们形成自己的观点和见解。这样，孩子才能在不断的提问和探索中，提升思考能力，成为有独立思考能力的人。

作为父母，我们应尊重孩子的好奇心，鼓励他们对周围世界保持开放和接纳的态度。为此，可以在日常生活中创设问题环境。例如，在家庭旅行中，可以让孩子参与决策，让孩子决定去哪个公园、看什么展览等。在做出这些决定的过程中，孩子需要思考和权衡各种因素，比如，景点的位置、门票的价格、游玩的时间等。这不仅能让孩子学习到如何做出合理的决策，也能锻炼他们的思考能力。

2.拓宽视野，发现不同

我们可以根据孩子的年龄和兴趣，提供各种类型和主题的书籍，例如科学、历史、文学等。在阅读的过程中，可以和孩子讨论书中的内容，引导他们提出自己的观点和想法。

支持孩子发展多种兴趣、爱好。每个人都有不同的才能和特长，当我们尊重并支持孩子充分发展个性时，他们往往更容易形成独立的想法，并主动创新，成为有独立思考能力的人。

让孩子亲身体验和观察，帮助他们理解抽象的概念。想让孩子亲近自然、拓宽视野、深度思考，放假时，父母可以带其旅游看世界，周末安排参观博物馆、艺术与科学展览，在见闻中遇见"不同"，激活多元思考。

此外，还要为孩子提供丰富多样的资源，帮助他们从不同的角度看待问题，这么做对于培养他们的思考能力至关重要。

3.引导批判性思考

批判性思考是一种独立思考的能力，它要求孩子们不仅要接受信息，而且要对信息进行分析和评估。批判性思考能够帮助孩子形成自己的观点，而不是盲目接受别人的观点。

那么，哪些方法可以引导孩子进行批判性思考呢？

（1）提问和讨论。通过提出开放性问题，鼓励孩子进行深入思考和讨论。比如，孩子正在阅读一本书或观看一部电影，父母可以问他"你赞同主角的行为吗？为什么？"这样提问能激发孩子主动思考，引导他从不同的角度看待问题。

（2）辩论和角色扮演。辩论和角色扮演是培养批判性思考的有效方式。通过这些活动，孩子可以学习如何理性地表达自己的观点，如何批评和反驳别人的观点。

（3）分析和评估。遇到问题时，可以引导孩子对接收到的信息进行分析和评估，权衡利弊，判断可能出现的结果。这样，孩子就会理解每个决策的制定都有其理由，需要全面考虑问题，才能做出明智决定。

（4）探索和解疑。鼓励孩子对未知的事物保持好奇，对问题进行探索和解疑。父母和孩子一起查找相关的资料，解答孩子的疑问，可以让孩子了解到寻求真理是持续的过程，完全可以通过自己的努力获取知识。

此外，父母还可以和孩子一起进行头脑风暴，列出所有可能的解决办法，不论这些办法是否合理，进行头脑风暴的过程都可以增强孩子的思考能力和创新能力。

问题5：这些方法的后果是什么？

这个问题能够帮助孩子学会预判自己的行为可能带来的后果。通过评估不同选择的结果，孩子可以学会做出更合理的决策。

比如，孩子惹了麻烦或想做标新立异的事情，如果父母没想清楚后果和潜在危害，就对孩子横加指责或阻止，孩子往往不会信服。若想让孩子心服口服，父母首先要周密思考这件事的前因后果，然后好好与孩子沟通。可以从结果的好坏开始，反向推导该不该这样做。只要父母心平气和，对孩子晓之以理，孩子是会明白的。

法国启蒙思想家卢梭提出了自然后果法，其核心是：孩子犯了错造成不良后果，就让他们自己去承担，并从中吸取经验教训，以后果警示他们朝着良好方向发展。例如，孩子将水杯打翻，父母应该让他们自己收拾现场，而不是一边叱责一边替孩子收拾残局，这样可以有效避免"我只是不小心，你有必要小题大做吗？"的争吵，也更有利于帮助孩子纠正不恰当的行为，提升个人的责任意识、自律意识和决策能力。

1.允许犯错，但必须让孩子有承担后果的勇气

真正的教育不是让孩子避免犯错，而是让他们学会纠错，并从容应对未来生活中的失误。我们要引导孩子预判和分析事情的后果，让他们学会先考虑结果再做事；也要鼓励孩子直面错误，解决问题，在每一次犯错中都能主动思考，得到进步。因为孩子只有真正承担后果，才会刻骨铭心，才会吸取教训，不再重犯。

2.适时的管教，可能促成一生的改变

适时的管教，能给孩子带来深刻的记忆与及时的改变。孩子小时候犯错，如果不明白犯错的后果，长大后可能也就不明白犯错的代价。只有让孩子亲身感受自己的选择所带来的结果，孩子才会认真思考自己究竟该怎么做，继而养成独立思考、解决问题的能力，最终培养出责任心。

3.预先警告，而不是控制孩子

父母可以预先警告孩子，帮助他们意识到自己的行为可能引发的后果。但是，如果孩子仍然固执己见，父母就要退后一步，让孩子自己承受行为造成的后果。

孩子通过亲自尝试某些事情获得的感悟，远比大人教给他们的道理更加深刻。如果要惩罚孩子，不妨先冷静下来对孩子进行"事先警告"，明确告诉他：如果你再犯，就要自己承担后果，受到惩罚。这种方式能够让孩子迅速理解父母的意图。

需要注意的是，父母可以帮助孩子分析每种选择可能带来的后果，但应该避免代替孩子做决定。这样做可以让孩子学会承担责任，在决策中成长。

第十一章
用互动方式为亲子问题答疑解惑

孩子犯了错，如何进行有效沟通？

现实中，你有没有见过这样的家庭互动情景：

孩子做家务时不小心打碎了盘子，妈妈一边将孩子从陶瓷碎片边拉开，一边大声责骂："让你洗个碗都做不好，真是没用！"

孩子在外面玩的时候不小心踩进了水坑，弄脏了鞋子，跑去找妈妈。妈妈发现新买的鞋子脏了，又是一番责备："昨天刚买的新鞋子，弄得这么脏，又去哪里疯跑了？一点也不懂得珍惜！"

孩子犯错，父母就用责怪、打骂等方式来纠正，虽然可以让孩子暂时听话，但以后孩子做事会变得更加小心翼翼，内心也会感受到更深的伤害。这些伤害还会在未来的人生中逐渐显现。

孩子犯了错，有些父母会用"笨""不懂事""不听话""没出息"来形容。这或许是父母一时的气话，但是对孩子而言，却是沉重的压力。为了达到父母的期待，孩子只能尽力避免犯错，并做出各种讨好父母的行为。这种逃避错误、讨好父母的习惯，会延续到孩子今后的人生里。无论做什么，孩子都会小心翼翼，比起尝试新鲜事物，突破现在的职业局限，他会更倾向于避免犯错。

如果孩子不小心和其他人产生了矛盾，就可能成为主动退让的一方，即使他没有做错。因为在他的内心烙印着父母从小给他根植的理念：犯错，等于惩罚和责难。他们无法从父母那里获得支持，缺乏独立处理问题的安全感，具有较低的自我评价和自我价值感。

我们都知道，失败乃成功之母。迈不出勇敢尝试的第一步，孩子就无法走向人生的新高度；没有自信和勇气，就没有新的开始。那么，当孩子犯错时，我们应该做什么？又不应该做什么呢？

1. 学会共情

有效的沟通不是单方面地灌输观念，而是和孩子平等地交流，跟孩子共情。

孩子犯错时，父母可以先给孩子一个解释的机会，倾听孩子的想法，然后试着感受孩子的情绪，并在孩子情绪失控时给予适当的安慰和理解。等孩子恢复冷静后，再给出对与错的客观判断，通过换位思考，引导孩子正视自己的错误，并及时改正。

父母教育孩子的目的不是赢孩子，更不是揪着孩子的错误不放，而是出于对孩子的爱，让孩子明白怎么做才能避免再次犯错。因此，父母要让孩子时刻感受到爱，跟孩子共情，这比指责与批评更有效。

2. 树立规矩

孩子越大越不听父母的话，原因之一是缺少规矩的约束。我们给孩子制定的规矩界限越明确,孩子越能从小养成良好的习惯,越不会无理取闹或者做出出格的行为。

我们可以根据孩子的性格特点,以及孩子的接受度,给孩子制定能够长期坚持的规矩,比如,先完成学习任务再玩,犯了错误要勇于承认并承担后果,不能撒谎欺骗爸妈等。

当然,在引导孩子遵守规矩的过程中,父母也要以身作则,为孩子树立成长的榜样。要求孩子不熬夜、不沉迷于电子产品,父母也要养成早睡早起、少看手机、多阅读的习惯。此外,在不触犯规则的前提下,可以给孩子成长的自由,但当孩子触碰到规矩界限时,决不能放纵。

3. 适当夸奖

这里的夸奖不是指父母不分情况、一味地表扬孩子,而是运用一些"套路",比如,FFC 模型,让孩子配合父母的教育朝着积极的方向发展。

第一个"F"是 feeling,指描述感觉。

第二个"F"是 fact,指用事实说话。

第三个"C"是 compare,指做比较。

用 FFC 模型夸奖孩子,具体情景就变成了如下情形。

描述感觉:"今天妈妈很高兴,你真的很棒,我为你感到骄傲。"

陈述事实:"不用妈妈提醒,你就已经把这 20 个单词背完了。"

做比较:"你这次背得真快,和之前比快了 10 多分钟哦!"

作为全世界最希望看到孩子变好的人,我们既要看到孩子做得不好的部分,也要及时认可孩子做得好的地方,给予恰当的表扬和激励。因为父母发自内心地认可孩子、鼓励孩子,不仅能唤醒孩子的内驱力,让孩子感到被爱、被信任，还能让孩子充分挖掘自身的潜能……如此，无需父母耳提面命地反复强调，孩子自己就会变得越来越好。冷冰冰的道理，即使讲再多遍，也不会变得生动，虽然会让父母感动自己，却无法打动孩子的心。

孩子出现逆反心理，如何互动和沟通？

叛逆并不是孩子故意与父母作对，而是他们内心成长需求的外在表现。

青春期孩子的身体正在快速成长，他们渴望被理解、被尊重，希望有更多的自主权来决定自己的生活。这种对独立的追求，有时表现为对规则的反抗、对父母意见的不屑一顾，甚至可能出现情绪波动大、行为偏激等现象。

据调查，青春期孩子会把挑战父母和老师的权威当成"英雄主义"。在这个时期，父母如果想通过高高在上的"权威"迫使孩子听话，往往只会增强孩子的叛逆心理。父母继而就会生出一种无力感，觉得孩子大了，打他没用，也听不进去，那到底该怎么办呢？

1.把说变为听

青春期孩子渴望尊重和独立，希望别人把他们当成大人平等对待。因此，我们要坚决避免采用"我是你的父母，你就应该听我的"这种居高临下型的沟通模式。

如果把青春期沟通的秘诀总结为一个词,那就是——闭嘴。父母要做到少说多听。对孩子,要少一些批评和说教,多认真聆听他们的想法。比如,当孩子向我们吐露心声"我觉得学习很累,背不完的书,考不完的试"时,我们不能这样说:"这才哪到哪,等你以后进入社会了,就知道学习是最轻松的,我们都是这么学过来的。"

青春期孩子已经有了自己的想法和主见,一味否定和说教只会引起孩子的强烈反感。与青春期孩子沟通,最重要的是摆正态度,而不是说教。明智的父母通常会按照以下三个步骤进行:(1)认同孩子的感受,让他们产生继续说下去的欲望。(2)引导孩子说更多细节,让他们掌握话语权。(3)不说教只谈心,在孩子需要的时候提出建议。

2.适当放权,给予孩子"有限的选择"

叛逆期的孩子之所以会挑战权威,冲撞制度,是因为他们感受到了规则的束缚。

孩子渴望选择权,但选择不是越多越好。所以,给孩子"放权"并不等于放任不管,而应该"有选择地放权,有选择地约束",即在孩子需求的范围内给出有限选择。比如"你想晚饭后洗澡,还是睡前再洗澡?"这样二选一的决定,无论是问2岁的孩子还是12岁的孩子,都能得到正向反馈。

如果孩子两个都不选,我们就可以倾听和共情他的感受,问他:"你是今天太累,暂时还不想洗澡,想先休息一下,对吗?"如此,孩子就容易放松下来,感受到父母的理解,也就愿意配合了。

3.可以试试"以退为进"策略

生活中,总有一些事情是需要孩子去做而孩子又不愿配合的。例如,完成堆积如山的作业,疲于奔命去上培训班,进行高强度的体育锻炼等。这时候,可以试试用这种方法引导孩子,以便让孩子顺着我们期望的方向前进。

例如,在寒冷的冬天,女孩坚持穿薄棉服出门,比起命令她穿羽绒服,让她戴上一条棉围巾更容易被接受;如果希望孩子每天晨练1小时,不如先提议每天跳绳500个或慢跑5圈,从而缓慢过渡。

孩子看到了父母的退让,在面对困难时,他们在心理上就能得到缓冲,感到安全。拆分目标,难度逐级递进,做事情时孩子就会更有信心和动力。

总之,叛逆是孩子慢慢走向独立的标志,父母管的越多,孩子越得不到成长。父母只有理解叛逆背后的心理需求并适当应对,才能支持孩子完成一次次的蜕变。

孩子出现负面情绪,如何通过互动的方式解决?

想想看,你家孩子有没有过这些行为:

孩子一言不合就撒泼、打人、摔东西;

孩子的要求得不到满足,就躺在地上打滚,哭闹着不肯走;

孩子一点就炸,根本没办法跟他好好说话……

这个时候,有的父母会妥协,满足孩子提出的一切要求。有的父母选择漠视，认为只要不理睬，孩子自然就会停止发脾气。还有的父母用语言或行为暴力镇压孩子。其实，孩子的坏情绪背后藏着很多原因。对于脾气暴躁的孩子，只有弄明白他们的心理，使用正确的方法，才能从根本上解决问题。

情绪调节能力要通过后天悉心培养与锻炼才能拥有，它并不是与生俱来的天赋，而是个体在成长历程中逐步习得的重要技能。拥有卓越的情绪调节能力，孩子就能在与同伴的交往中展现出更加友善与包容的一面，有效减少冲突、孤立等问题的出现，为孩子的心灵花园筑起一道坚实的防线，保障更高层次的心理健康。

孩子的情绪就像夏天的天气，时晴时雨，变幻莫测。其实，只要掌握正确的沟通方法，就能帮助孩子远离负面情绪，让家庭生活更加和谐。

1. 倾听式沟通

很多时候，孩子需要的仅仅是一个倾听者。当我们认真地倾听时，孩子会感到被理解和重视，这么做本身就能缓解孩子的负面情绪。

男孩放学回家，闷闷不乐地坐在沙发上。妈妈放下手中的活计，坐到男孩身边："看起来你今天心情不太好，想跟妈妈说说吗？"男孩慢慢道出在学校遇到的烦心事，妈妈静静地听着，不时点头示意。

遇到这种情况，明智的父母都会这样做：放下手中的事，全神贯注地听孩子诉说；用眼神和肢体语言表示自己正在认真倾听；不急于打断或给出建议，让孩子把话说完；通过复述，确认正确理解了孩子的意思。

2. 情感映射

父母准确地识别并表达出孩子的情绪状态，承认并接纳孩子的情绪，能让孩子感受到被理解，从而更容易接纳自己的情绪。因此，当孩子出现负面情绪时，首先要观察孩子的表情和行为，猜测他们的情绪。接着，用语言描述你观察到的情绪，表达你对孩子情绪的理解和接纳。同时，给予孩子适当的身体接触，如拥抱。比如，孩子因为没考好而难过，父母可以轻轻抱住他，说："成绩不理想确实让人觉得沮丧。我们理解你现在的心情，这种感觉很不好受吧？"

3. 引导式提问

引导式提问是最有效的沟通方法之一。它不仅能帮助孩子厘清思路，还能培养孩子独立思考和解决问题的能力。当孩子自己找到解决方法时，负面情绪通常会不知不觉地消散。

当孩子出现负面情绪时，父母要引导孩子自主思考，比如：用开放性问题引导孩子思考；给孩子足够的时间思考，不要急于填补沉默；鼓励孩子从不同角度看问题；引导孩子自己得出结论，而不是直接给出答案。

举个例子。孩子因为和同学吵架而生气，父母不用直接给出建议，完全可以这样问："你觉得为什么会和同学吵起来呢？""如果换位思考，你觉得同学为什么会那样说？""你希望怎样解决这个问题呢？"

4. 情景转换

有时候，直接面对负面情绪反而会让情况变得更糟。其实，只要改变环境或转移注意力，就可以帮助孩子暂时摆脱负面情绪的困扰。这时候，为了转移孩子的注意力，父母可以与孩子一起做些有趣的事情，比如：带孩子去户外呼吸新鲜空气，开始一个新的话题或活动，用幽默感缓解紧张氛围。

5.正向引导

正向引导能帮助孩子把注意力从问题本身转移到解决方案上，不仅能缓解负面情绪，还能塑造孩子积极面对困难的态度。正确做法是：首先，引导孩子具体描述问题；接着，鼓励孩子提出可能的解决方案；然后，父母和孩子一起评估不同方案的可行性；最后，父母和孩子一起制订具体的行动计划。

孩子感到学习压力大，如何通过互动的方式缓解？

在生活中，我们常常会听到"压力大""太紧张了"之类的话。那么，什么是学习压力呢？

学习压力，顾名思义，就是由于学习而产生的一种心理负担。学习压力不等于厌学情绪，但两者通常都是由学业引发的。

学习压力过大，会让孩子的认知能力、心理健康受到影响，出现焦虑、抑郁、睡眠障碍等问题，最终影响到学习成绩。具体体现为：孩子感到身体有不适感，比如，头痛、睡眠不好、身体乏力、精神不振等；孩子经常做噩梦或突然惊醒，或者情绪异常激动，比如，喜怒无常、乱发脾气等；孩子平时爱运动、活泼开朗，突然变得沉默寡言、郁郁寡欢或经常迟到早退等。

有些孩子甚至还会出现自残行为，比如，啃指甲、拔头发、敲头、割手腕等。这些行为可能是持续性的。孩子出现自残行为，有意无意地伤害自己，可能心理上正承受着说不出来的压力。

面对孩子的问题，父母感到焦虑是正常的，但一定要稳住自己的心态，否则孩子会更加着急、焦虑，这样父母不仅不能帮助孩子，反而会破坏正常的家庭氛围，让孩子失去自我调整、自我修复的能力，最后只能彻底躺平。正确的做法是：

1. 倾听与理解

当孩子感到学习压力大，对父母发出类似的抱怨时，父母要放下手中的事情，认真倾听孩子的诉说，用温柔的眼神和语气表达对孩子的关心；询问孩子为什么感到累，是因为学习负担重、学习方法不当，还是其他原因。只有找到引起孩子负面情绪的原因，才能进一步解决问题。

举个例子。

妈妈说："宝贝，你今天看起来真的很累，能和妈妈说说是什么原因吗？"

孩子可能会说："今天的作业很多！"也可能会说："明天有考试，我觉得压力好大。"

2. 感同身受

父母要认可孩子的感受，让孩子知道你理解他的压力，不要急于批评或直接给出解决方案，比如："听起来学习负担确实很重，有这种压力是正常现象。如果是妈妈，也会感到有压力。""是啊，长久地做一件事有时候真的会让人感到疲惫，特别是有很多任务要完成的时候。"

3. 分解任务

父母要帮助孩子将看似庞大的学习任务分解成小块，与孩子一起制订可行的计划。比如："我们一起看看，今天的作业可以分成几个小部分来完成，每完成一部分，可以休息一会儿。"比如，将语文作业分为"完成基础练习""复习课文"和"预习新课"三个小目标，每完成一个目标，就给予小奖励或休息一会儿。

4. 适当放松

父母要确保孩子有足够的休息和娱乐时间，避免长时间连续学习导致疲劳。比如："学习很重要，但休息和放松也同样重要。我们今晚可以早点上床，或者睡前做些你喜欢的活动来放松一下。"

如果孩子做到了，可以让孩子选择做一件自己喜欢的事情作为奖励。

5. 正面反馈

在孩子完成学习任务或取得进步时，父母要给予真诚的鼓励和正面的反馈。比如："我看到你已经完成了这次语文作业的第一部分，真的很棒！"

在激励孩子的同时，还要让他们看到学习的长远意义和目标，比如："我知道你很努力，每个人都会有累的时候。学习是为了让你将来有更多的选择，如果让你感觉到压力大，我们可以一起找找其他的方法。"

当孩子成功解决难题时，父母可以具体指出："这次，你用来解决难题的方法真的很棒，我看到你认真思考的样子了。"

6. 合理期望

与孩子一起讨论并设定合理的学习目标和期望，避免给孩子过大的压力，比如："我知道学习需要时间，也要付出持续努力，我们一步步来，不要急于求成。"

父母还可以和孩子商量合适的目标和计划，比如："这个月的目标是提高语文成绩，我们可以从熟读课文、每天多花一点时间阅读开始。"

总之，父母帮助孩子缓解学习压力，可以让孩子形成更加积极和健康的心态，从容面对学习。

7. 鼓励表达

与孩子沟通问题，是一个细致且需要耐心的过程，父母要鼓励孩子勇敢表达自己的感受和想法。因为只有孩子真正表达出自己的感受，问题才能得到解决。

鼓励孩子详细描述他们在学习上遇到的困难，可以帮助孩子更好地解决问题。

妈妈："我注意到你最近在英语作业上花了很多时间，似乎有点苦恼，能告诉我你为什么苦恼吗？"

孩子："我听不懂老师讲的方法，做题的时候总是出错。"

妈妈："听起来好像有点挑战性。你在这篇阅读理解上，具体遇到了什么问题？我们可以一起看看。"

孩子沉迷于手机，该如何解决？

看到孩子整天埋头玩手机、打游戏，不爱学习、态度敷衍，脾气还变得古怪，很多父母都会采取说教、训斥甚至打骂的方式，希望能让孩子幡然醒悟，远离手机的诱惑。这样的做法非但无法解决问题，反而会让孩子产生逆反心理，越发沉溺于虚拟世界无法自拔。

面对孩子对手机的沉迷，父母要坚持原则。那么，我们该如何正确引导孩子戒掉手机瘾呢？

1.客观认识孩子沉迷手机的原因

作为父母，与其一味指责孩子的行为，不如先客观分析孩子沉迷手机的深层原因，理解孩子的真实需求，再想办法在生活中给予孩子更多的爱和支持。

事实上，手机之所以对孩子有如此大的吸引力，很大程度上是因为它能满足孩子在现实生活中难以满足的情感需求，如被关注、被认可、获得成就感等。尤其是在学业压力大、人际关系复杂的当下，孩子在现实生活中通常难以获得这些正面情绪体验，于是便将目光投向了网络。

玩手机游戏时，他们可以肆意战斗、挑战自我，得到虚拟的荣誉和称赞；在社交网络里，他们能收获大量点赞和关注，满足被认同的渴望。

2. 以开放心态与孩子沟通

与孩子沟通交流，是化解矛盾的良方。父母不妨放下手中的工作，主动找孩子聊聊天。

不要一开口就说教，而是以平等、开放的心态，真诚地与孩子交流。

多问问孩子在手机上都做些什么，玩什么游戏，关注哪些主播，看什么视频等，了解他的网络生活。

在倾听的过程中，不要轻易打断、否定或批评孩子，而要设身处地为孩子着想，站在他的角度思考问题。

或许在你眼中，孩子玩的游戏有些幼稚，看的视频缺乏意义，但对于孩子而言，这些可能是他获得放松和快乐的重要途径。

与孩子坦诚沟通，既能让你更全面地了解孩子的内心世界，也能让孩子感受到你的理解和尊重，为你们进一步协商上网规则奠定良好的基础。

3. 与孩子协商具体的时间和内容

通过沟通，充分了解孩子沉迷手机的原因后，父母可以与孩子一起制定一份"使用协议"，从时间和内容两个维度，对孩子使用手机的行为进行规范和引导。

在时间方面，可以根据孩子的年龄特点，与他商定每天适度的时长，如20~30分钟。同时，还要明确规定什么时间段可以玩手机，如晚饭后或完成作业之后。

在内容方面，要与孩子探讨什么样的游戏、视频、社交活动是有益身心健康的。比如，一些益智类小游戏、记录生活的视频、与同学交流学习的微信群等，都是值得鼓励的；相反，要明令禁止接触暴力血腥的游戏、庸俗低俗的视频、过度炫耀的社交圈等。

制定规则时，要充分尊重孩子的意愿，给他一定的选择空间，让他觉得这是你们共同的决定。同时，父母要以身作则，带头执行，用实际行动影响孩子。比如，规定用餐时不玩手机，就要将手机放在一边，专心吃饭聊天。只有一家人共同遵守，才能让孩子更自觉地执行。

4.管理好自己的手机使用时间

爸爸妈妈动不动就拿起手机刷热搜、看视频、玩游戏，孩子耳濡目染，无形中会受到很大影响。因此，父母要严格管理自己使用手机的时间，有意识地控制自己使用手机的频率。

父母要和孩子互动，比如一起下棋、打牌、做游戏，在玩乐中增进感情。在这段时间里，每个人都要放下手机，专心投入互动中。久而久之，孩子就能感受到现实交流的快乐，慢慢学会自觉控制上网时间。

在沟通中，如何避免误解孩子的意思？

有个男孩生性贪玩，做事鲁莽且好奇心重……每天都会进行一些新的尝试，还会搞破坏，常常把家里弄得一团糟，让妈妈头痛不已。

这天，妈妈买菜回来，发现客厅的地板上有大片水迹，再定睛一看，上万元的真皮沙发全被浸坏了。儿子正拿着个小刷子，一边往沙发上倒洗手液，一边还在沙发上使劲儿刷。

见此情景，妈妈气不打一处来，拎起儿子噼里啪啦就是一顿打："不想玩玩具了,就玩起沙发了,是吧?叫你这么淘气,不打一顿就不长记性!"

看到妈妈发了那么大的火,儿子吓得哇哇大哭,委屈地说:"妈妈,你上午骂我只会破坏不会帮忙,把沙发都画脏了,所以我才想帮妈妈刷干净……"听了儿子的哭诉,妈妈愣住了,扬起的手停在半空。

孩子经常会以其稚嫩而独特的思维方式,做出各种让父母啼笑皆非或头痛不已的行为。案例中的情景,在现实生活中比比皆是。

遇到这种情况,很多父母都习惯于埋怨孩子:你什么时候才能长大懂事?为什么总不让爸爸妈妈省心?孩子的种种做法,常常被父母贴上淘气、懒惰、蠢笨等负面标签。殊不知,父母正是因为不理解孩子的成长特性和内心想法,才误解了孩子的所作所为。

如果孩子越来越不喜欢跟父母沟通,一大部分原因就是在过往的沟通中,父母总是误解孩子的行为和想法,无法做到真正倾听,使得孩子产生了"反正我说什么他都不会听""反正他总会认为我这么做是不对的"的想法。

对于孩子的很多行为,父母只注意到表象,从不探究这些行为背后的动机,这就容易对孩子产生误解。其实,有时候父母认为的孩子做出的破坏行为,并没有想象中那么严重,反而可能成为孩子将来发展的基石。在沟通中,父母如何才能减少对孩子的误解呢?

1. 站在孩子的角度思考

和孩子交流的时候,要站在孩子的角度思考问题,找到解决问题的方法,才能让孩子感受到被尊重和被理解。同时,还能更好地对孩子进行情绪的指导，让孩子的情绪也能得到释放。

比如，当孩子被同学误解时，父母正确的表述应该是："你被同学误会了，你感到很难受，很委屈是吧？你希望自己能得到同学们的理解，是吧？"这样，孩子才能感受到被理解，情绪才会得到释放和疏导。

2. 认真聆听孩子

所谓聆听，就是集中精力认真地听，要做到眼看、耳听、心思三者并用。

（1）眼看。看孩子的身体是紧张的还是放松的，是严肃认真的还是吊儿郎当的；看孩子的目光是游离的还是专注的；看孩子的表情是恐慌的还是平静的。这些都需要认真地看。

（2）耳听。听孩子表述了什么，时间、地点、人物、为什么做、怎么做等；听孩子的语气是平和的还是急促的；听孩子的音量是大声还是小声，重音放在哪儿。

（3）心思。思考事实是什么，孩子此时的感受是什么，他的想法是什么，他期待的是什么。

3. 及时回应孩子

父母要对当下保持一种觉察，对孩子的语言做出正确且理性的回应。比如，孩子愤怒地说："你整天唠叨我，我讨厌你！"正确的回应方式是："我的行为让你感觉到不舒服，是吗？你可以说说吗？"

此外，倾听孩子的时候，要做到正确地回应孩子，就要让自己慢下来，用心感受孩子的心情，再做出反馈。孩子说话时，可以用表情回应：孩子高兴，可以跟着微笑；孩子伤心，也要回应难过。此外，还可以用动作回应：孩子说话，要点头示意，身体前倾。也可以用语言回应，如用"嗯""哦""啊"等表示你在听。

4. 跟孩子对话

对话是双向的谈话，是一种交流互动，要把孩子放在平等的位置，给予孩子和自己平等争论的权利。这样的对话有来有往，有接收也有发送，是互相尊重、互相理解的。

5. 向孩子征求意见

在平日的生活互动中，如果想更多地了解孩子的情况，比如询问孩子："今天学校发生了什么事情啊？""班里有什么新鲜事啊？"父母需要掌握必备的技巧。比如，可以先观察孩子的表情，再进行询问。

看到孩子很高兴，可以微笑着问："哇，今天怎么这么高兴啊？说来听听！"有时候，还可以请教式地询问："我的电脑出问题了，你可以帮帮忙吗？"这样的巧妙发问，把尊重孩子放在了第一位。

6. 让孩子心灵感到温暖

良好的亲子互动需要用情感和孩子交流，让孩子感受到父母的关爱。无论孩子多么顽劣或多么内向，在暖心的亲子氛围里，都能形成良性的亲子沟通。所以，父母要大胆地说出对孩子的爱，并付诸行动。比如，用饱含爱意的目光注视孩子，用温暖的微笑回应孩子，用温情的语言鼓励孩子，用细腻的行动感染孩子，用宽广的胸怀包容孩子，让孩子感受到安全感、归属感和价值感。这样的亲子交流才是暖心的。

7. 和孩子达成共识

父母每一次和孩子对峙，都是亲子之间巨大的损耗。父母要努力和孩子成为"盟友",而不是成为"敌人",更要杜绝与孩子水火不相容;要无条件地接纳孩子,让孩子感受到"不管我是什么样子的,父母都会不离不弃,一直关心我、爱护我、支持我、陪伴我"。

当孩子取得好成绩时,不要吝啬对孩子的欣赏和赞美;当孩子遇到困难时,要给予孩子安慰和鼓励;当孩子犯错时,不要挖苦、讽刺、责备孩子,而要教会他怎么做。

这样,孩子才会全身心地信赖父母。

后 记

经过一年多的努力,这本书终于编写完成。在书的最后,作者还有几句话想说:

首先,编写此书的过程,是自我成长的过程,是我养育孩子经验的总结和我从事家庭教育工作20年的分享。为了编写这本书,我翻阅了大量家庭教育图书和资料,看得越多,对互动式教养的感悟就越深,同时也让我认识到了自己的不足。如果您也对这种教养方式感兴趣,或有所研究,或有所疑问,那么可以跟我联系沟通,共同进步。

其次,在编写该书的过程中,我得到了众多同人老师、亲朋好友、育儿专家、编辑等的帮助。他们的参与不仅丰富了书中的观点和方法,还坚定了我坚持创作的信念。在这里,我对大家表示由衷的感谢!

我尤其要感谢以下四位老师。

感谢张国维博士,是他带我走上了家庭教育之路,让我的人生有了不同的意义。

感谢刘伟见老师,他是我尊敬的国学大家,我从他的身上吸收了很多来自老祖宗的经典国学智慧。

感谢戴志强老师,感谢他在我人生最低谷时给予我的指点和心理疗愈。

感谢李再权老师,感谢他为我题写书名,他既是优秀的书法家,也是我的启蒙老师，感谢他的一路鼓励和陪伴。

最后，我再来说说该怎么读这本书。

第一步：总览全书，了解主要内容。

第二步：根据自家孩子身上存在的问题，找到相应的章节，认真阅读，找到方法。

第三步：以书中介绍的方法为"点"，查阅资料进行"面"的扩展，找到真正适合自家孩子的互动教养方法，改善亲子关系，提升孩子的能力和综合素养。